COMO DIBUJAR
MANGA
Y
ANIME

Aprende a dibujar paso a paso
- cabezas, caras, accesorios, ropa y divertidos
personajes de cuerpo completo -

Aimi Aikawa

ISBN: 978-1-952264-16-0

★ ★ ★ ★ ★

Gracias por obtener nuestro libro!

Si te gusta usarlo y lo encuentras útil en tu viaje de aprender a dibujar, Agradeceríamos mucho tu opinión en Amazon.

Simplemente dirígete a la página de Amazon de este libro y haz clic en "Escribe tu reseña".

Leemos todas las opiniones y cada uno de ellas.. Gracias!

★ ★ ★ ★ ★

CONTENTS

INTRODUCCIÓN

Cuando escuchas la palabra ¨Manga¨ ¿En qué piensas?. La mayoría probablemente pensaría: Las historietas Japonesas y las novelas gráficas, los personajes increíbles, o incluso escenas de luchas épicas y lindas chicas colegialas enamorándose.

Bueno, tu no estas equivocado, dado que el manga cubre una amplia de géneros y puede representar cualquier tema o historia.

Dibujar manga es otra historia, dado que ha evolucionado y se han practicado varios estilos y técnicas para hacer que las ilustraciones sean más estéticas.

Pero definiendo ¨el estilo manga¨ en general, hay algunas características icónicas que generalmente se practican al dibujar ilustraciones de manga, como los ojos grandes y brillantes, las expresiones exageradas, los peinados extraños y las proporciones corporales poco realistas. Estas cualidades generalmente definen la forma estilizada de dibujar manga.

Como cualquier forma de arte, dibujar manga requiere que comiences desde lo más básico. No existen atajos o magia cuando se esta dibujando. Incluso los mejores artistas solían sentirse frustrados al dibujar un cuerpo mal proporcionado, ¡así que no te rindas cuando creas que no estás progresando Puede ser un cliché decir una y otra vez, pero la práctica hace la perfección.

1

Tus habilidades no se harán profesionales de la noche la mañana Comprender cada principio y aplicarlo es la manera de mejorar tus habilidades de dibujo cada día. Otra manera de hacer mejores dibujos es siempre buscar por referencias, ya sea una pose para tu personaje, diseños de ropa o incluso peinados

No tengas miedo de utilizar tus recursos alrededor de ti. No hay daño cuando necesitas hacer referencia a objetos de la vida real a tus ilustraciones de manga, dado que, en primer lugar, el manga es una versión estilizada del mundo real.

¡Entonces, afila esos lápices y prepara mucho papel Por qué en estas dos guías, vamos a sumergirnos profundamente en el mundo colorido y loco de los dibujos manga

DIFERENCIAS ENTRE LAS FORMAS DE LAS CABEZAS MANGA

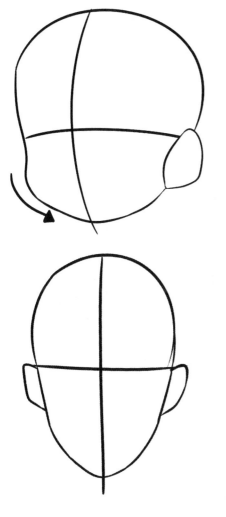

Dibujar las cabezas de los niños generalmente requiere características más redondeadas y suaves, especialmente las mejillas.

Las figuras masculinas, por otro lado, tienden a ser más largas y mucho más nítidas que las femeninas.

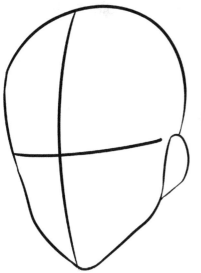

Los personajes mayores también tienen rasgos faciales que son más refinados y nítidos en comparación con los niños.

Solo recuerda que las figuras femeninas son aún mas redondeadas en comparación con las masculinas, que son más nítidas.

DIBUJANDO UNA CABEZA MANGA
- VISTA FRONTAL -

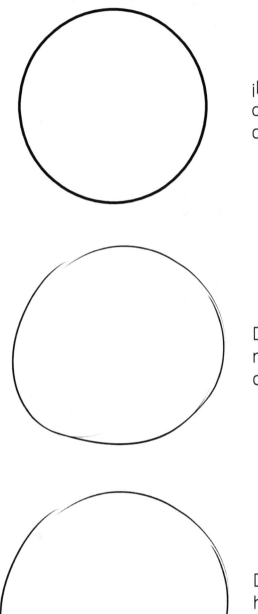

¡La forma básica que necesitamos para dibujar una cabeza de manga es un círculo

Dibujar un circulo perfecto no es nescesario. Podemos trabajar con algo como este.

Dibuja dos líneas paralelas diagonales hacia abajo. Estas serán las mejillas de la cabeza.

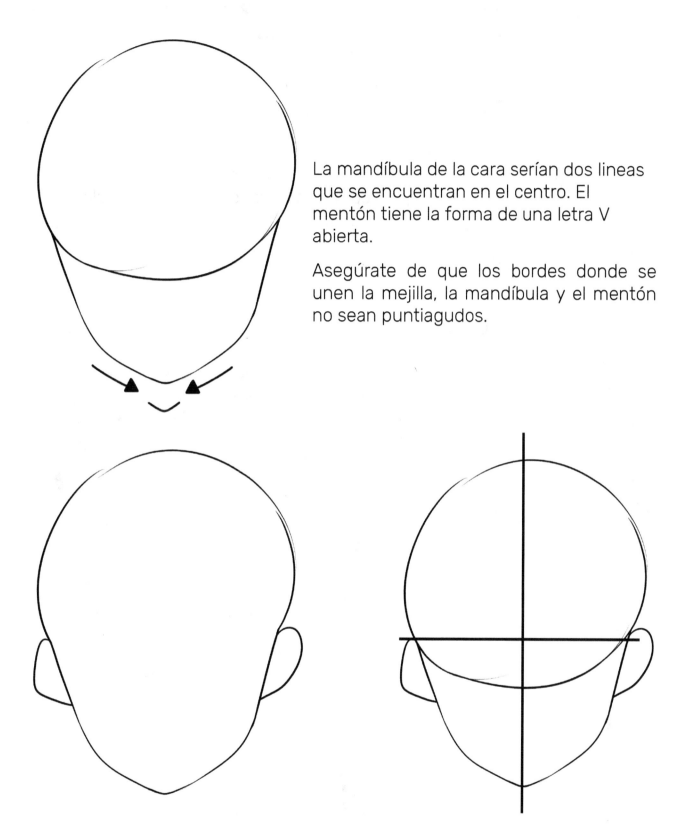

La mandíbula de la cara serían dos lineas que se encuentran en el centro. El mentón tiene la forma de una letra V abierta.

Asegúrate de que los bordes donde se unen la mejilla, la mandíbula y el mentón no sean puntiagudos.

La cabeza esta lista El siguiente paso sería dibujar los rasgos faciales. Una guía cruzada en el medio de la cara nos ayudará a saber exactamente dónde colocar los ojos, la nariz y la boca.

DIBUJANDO UNA CABEZA MANGA
- VISTA DE PERFIL -

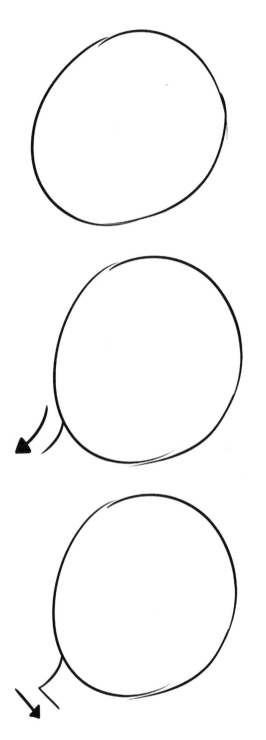

Al igual que la vista frontal, comenzaremos con nuestro círculo (imperfecto) fiel.

Dibuja una línea ligeramente curva hacia la dirección donde quieras que se dirija la cabeza (en este ejemplo, a la izquierda). Esta línea es el puente de la nariz.

Luego, dibuja otra línea desde la punta del puente hacia abajo.

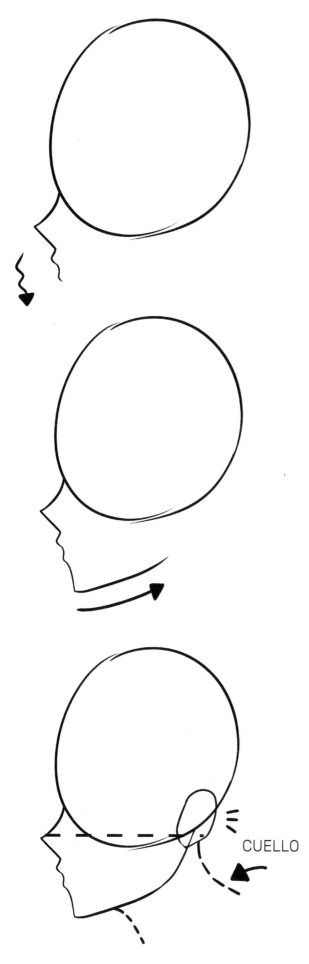

Luego dibuja los labios formando una línea ondulada hacia abajo.

Dibuja la línea de la mandíbula de la cabeza agregando una línea hacia arriba.

Continúe cerrando el espacio desde la mandíbula con una línea curva hacia arriba. La oreja generalmente se coloca sobre la nariz.

CUELLO

DIBUJANDO UNA CABEZA MANGA
- VISTA 3/4 -

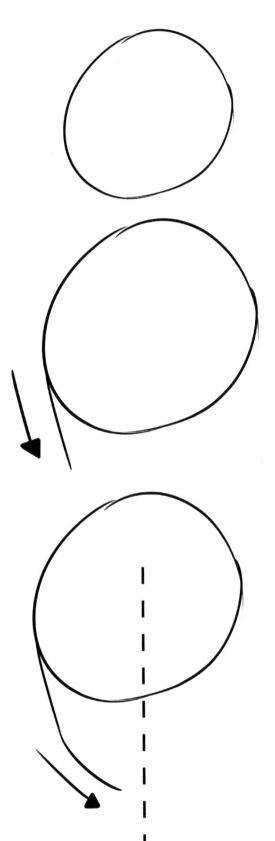

Al igual que en la vista frontal, comenzaremos con nuestro círculo (imperfecto) fiel.

Dibuja una línea diagonal hacia abajo. Esta será la mejilla izquierda.

Dibuja la mandíbula conectando una línea diagonal desde la punta de la mejilla hacia abajo.

A diferencia de la vista frontal, no lo dibujaremos hasta el centro de la cara.

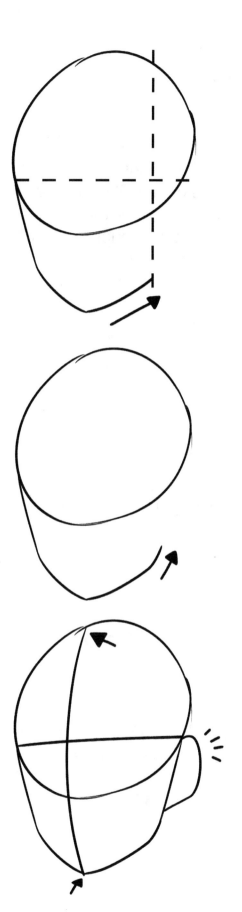

Dibuja otra línea diagonal, pero esta vez hacia arriba. Al igual que la primera línea de la mandíbula, no la dibujes por completo. La barbilla todavía tiene la forma de una letra V abierta.

Conecta una línea pequeña desde el paso anterior hacia arriba. Aquí es donde se colocará la oreja más tarde.

Cierra la brecha entre el círculo y la línea pequeña del paso anterior. Agrega una guía para la oreja y las pautas cruzadas para referencia.

Recuerda que la línea vertical de la guía transversal todavía cae en el centro de la cara, en este caso, desde la parte superior del círculo hasta la barbilla.

OJOS MANGA BASICOS
- VISTA FRONTAL -

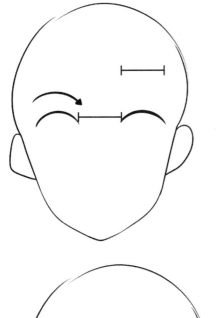

Para comenzar, dibuja dos líneas curvas por encima de las orejas. El tamaño de las curvas determinará qué tan anchos serán los ojos. ¡Tenga en cuenta que el ancho entre los ojos es de aproximadamente un ojo de distancia

Luego, dibuja otro par de líneas curvas mirando hacia arriba. Estas líneas determinarán la altura de los ojos. Puede ajustarlo de acuerdo a su gusto.

Agrega otro par de líneas curvas a cada lado. Estas serán las pupilas de los ojos.

Agrega otros detalles a los ojos, como las cejas y los párpados que se colocan justo encima de los ojos.

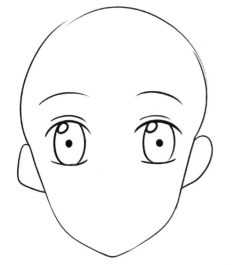

Por último, agrega más vida a los ojos con más detalles Puedes agregar cualquier forma que quieras para hacer que tu personaje sea más único.

OJOS MANGA BASICOS
- VISTA DE PERFIL -

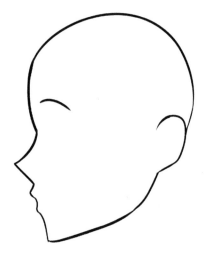

Dibujar el ojo en perfil sigue siendo el mismo proceso. Comenzamos con una línea curva hacia abajo.

Pero esta vez, solo dibujamos uno en lugar de dibujar un par, ya que un lado de la cara es visible si un personaje está mirando hacia los lados.

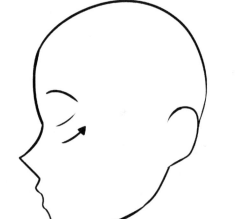

Dibuja otra línea curva debajo. Debe mirar hacia arriba, pero debe verse un poco inclinada en comparación con las líneas curvas que dibujamos en las vistas frontales y 3/4.

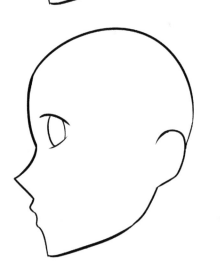

También agregaremos otro conjunto de líneas curvas dentro de las primeras que dibujamos.

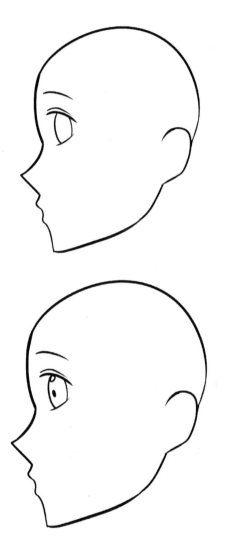

No olvides la ceja y el párpado que todavía se colocan en la parte superior del ojo.

Por último, los detalles dentro del ojo.

OJOS MANGA BASICOS
- VISTA 3/4 -

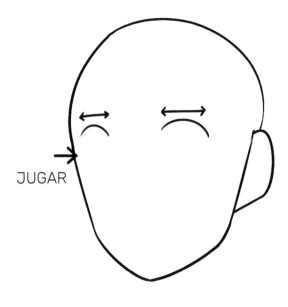

JUGAR

Cuando dibujamos ojos en la vista 3/4, comenzamos con el mismo par de líneas curvas que miran hacia abajo, pero esta vez, no tienen la misma longitud.

El que está al lado de la mejilla tendrá una longitud más corta en comparación con la línea curva al lado de la oreja. ¡El truco es que la curva más corta tendrá que ser alrededor de 3/4 de la longitud de la otra línea curva!

Luego agregamos otro par de líneas curvas que están orientadas hacia arriba. Deben tener la misma longitud que el primer par de curvas que dibujamos.

Al igual que los ojos de la vista frontal, agregamos otro par de líneas curvas colocadas entre los dos pares.

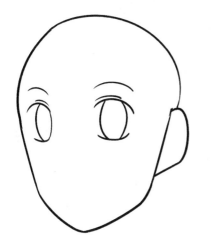

También agregaremos las cejas y los párpados en la parte superior de los ojos.

Por último, agrega los detalles dentro de los ojos.

OJOS MANGA ESTILIZADOS
- OJOS FEMENINOS -

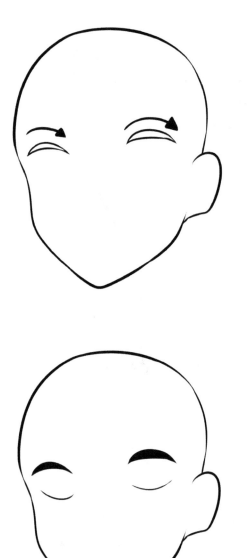

Ahora que hemos cubierto los pasos más básicos para dibujar ojos manga, avanzaremos para dibujar ojos más detallados y estilizados.

Para dar más profundidad y vida a los ojos, en lugar de dibujar líneas curvas, dibujaremos dos, y estos dos pares tendrán que encontrarse en los extremos y dar la forma de un plátano. Asegúrese de no hacerlo muy grueso y ancho.

Rellene la forma y agregue otro par de líneas curvas a continuación, al igual que el tutorial de ojos manga básicos.

En este ejemplo, el segundo par de líneas curvas están un poco más cerca de las formas rellenas.

Al dibujar ojos, los personajes maduros generalmente tienen una forma de ojo más estrecha en comparación con los jóvenes.

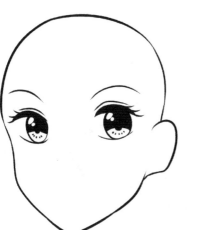

Agregaremos otro par de líneas curvas dentro, al igual que los primeros tutoriales que teníamos.

Luego agregamos las tapas, cejas, pestañas y detalles de los ojos.

Puedes completar los ojos si quieres que el personaje tenga ojos más oscuros.

¡Agregando más formas y detalles dentro de los ojos hará que se vea más vivo e interesante

OJOS MANGA ESTILIZADOS
- OJOS MASCULINOS -

Dibujar ojos masculinos sigue el mismo procedimiento que los ojos básicos: comenzamos con un par de líneas curvas mirando hacia abajo.

Agregue pequeños detalles al final de cada par dibujando pequeños ángulos hacia abajo.

¡También puedes agregar estos detalles a otros estilos de ojos que desees

Dibuja el segundo par de líneas curvas a continuación. Los personajes masculinos también tienden a tener ojos más estrechos que los femeninos.

Esta vez no tienen la misma longitud que el primer par que dibujamos.

Agregaremos otro par de líneas curvas dentro, al igual que los primeros tutoriales que teníamos.

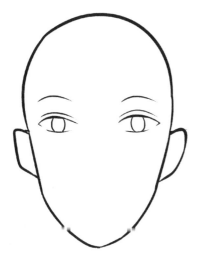

Agrega los párpados y las cejas.

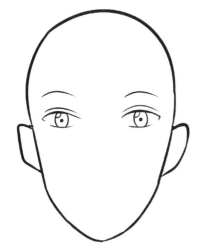

Por último, agregue los detalles dentro de los ojos cómo siempre lo hacemos.

Puede rellenar los ojos o agregar otras formas y detalles.

OJOS MANGA ESTILIZADOS
- OJOS REDONDOS -

Los ojos grandes y redondeados generalmente se dibujan para personajes más jóvenes y brillantes. Comenzaremos con las mismas formas que teníamos cuando comenzamos con los ojos de estilo femenino, pero en este caso lo haremos más redondeado como una forma de media luna en vez de forma de plátano.

Dibuja el segundo par de líneas curvas a continuación. Queremos que los ojos sean grandes y redondeados, así que deje mucho espacio entre los conjuntos de curvas.

En lugar de dibujar un par de líneas curvas entre los primeros conjuntos, dibujaremos círculos que toquen ese conjunto inferior de curvas. Esto enfatiza la forma de los ojos que queremos.

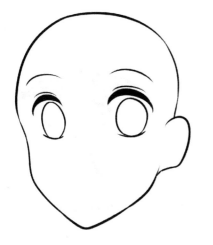

Agrega los párpados y las cejas en la parte superior de los ojos.

Por último, agregue los detalles en los ojos.

Recuerda que este estilo puede funcionar con personajes femeninos o masculinos, ¡el énfasis de este tipo de ojos hace que el personaje se vea más joven y brillante

OJOS MANGA ESTILIZADOS
- OTROS EJEMPLOS DE ESTILOS -

Demonio / Ojo de gato

Ojo encantador

Ojo Femenino
Madurado

Ojo soñador

Ojo recto

Ojo masculino
agudo

Ojo anillado

Ojo aburrido

Ojo bonito

BOCA MANGA BASICA

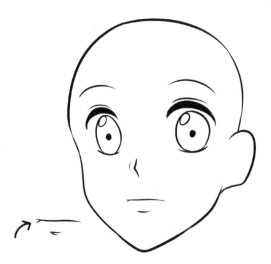

La boca del manga es bastante simple. Ya que las características faciales están muy estilizadas y simplificadas, la mayoría de los detalles de la boca no se muestran como la forma de los labios.

Al dibujar las formas más básicas de emoción, utilizaremos varias líneas curvas y rectas. Tome nota de dibujar una pequeña línea debajo para indicar el labio inferior. Agregar pequeñas líneas en el borde de la boca también agregará la ilusión de un labio superior e inferior.

Generalmente se dibuja una boca sonriente con una curva hacia arriba. Las variaciones con la forma misma pueden denotar el grado de "felicidad" del personaje. (¡Más sobre expresiones adelante)

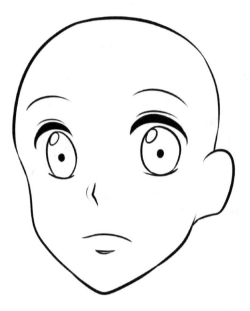

La boca ceñuda, por otro lado, se dibuja con una curva hacia abajo. Como una boca sonriente, la diferencia al dibujar la curva afectará la emoción del personaje.

Como en este ejemplo, parece más una expresión neutral que triste. (¡por supuesto, los ojos y las cejas también se suman a la expresión, como vimos en los tutoriales anteriores)

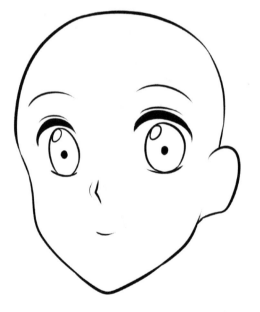

Si desea dibujar un poco más de detalle en los labios, podemos comenzar con una pequeña curva justo debajo de la nariz. Este será el medio de los labios.

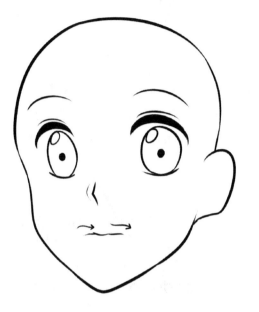

Agregue dos líneas curvas al lado de la primera que dibujamos. Puede hacer que estas dos líneas sean más largas o más cortas según el tiempo que desee que sean los labios.

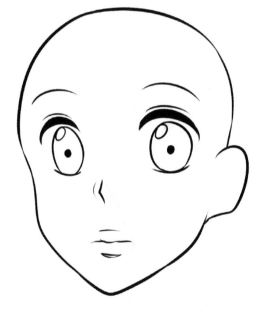

Agregue la línea de abajo que indica el labio inferior. Luego agregue otro arriba para indicar el labio superior. Puede tener labios más gruesos o más delgados dependiendo de qué tan lejos de la boca estén las dos líneas.

OREJA MANGA BASICA

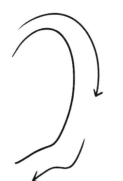

Para dibujar una oreja de manga, comenzamos con una forma de C seguida de una línea curva con una "protuberancia".

Por supuesto, puede ajustar la forma de la oreja según su gusto. ¡Hazlo más redondo, más pequeño o incluso más ancho Personalizar el aspecto de la oreja hará que tu personaje se vea más único.

Agrega una línea curva hacia abajo en la parte superior de la parte inferior de la curva. Este será el lóbulo de la oreja. Aquí es generalmente donde se colocan los aretes.

Sigue la forma de la oreja principal y traza una curva dentro de ella. Asegúrate de que la curva se encuentre con el lóbulo.

Cierra el espacio entre la última curva y el lóbulo dibujando una línea ondulada. La pequeña "protuberancia" sería el trago de la oreja.

Agrega otra curva dentro del oído.

Agrega una curva al lado del trago de la oreja. Puedes hacer esta curva más corta o más larga de acuerdo a tu gusto.

Rellena la curva, este es el canal auditivo externo, o la pequeña abertura en el oído. Agrega algunos detalles más y ¡listo

OREJA DE ELFO BASICA

¡Dibujar orejas de elfo u orejas de fantasía tiene el mismo proceso que dibujar orejas de forma normal

Para comenzar, dibuja una forma de hoja según tu gusto. Puedes hacerlo corto o largo, solo recuerda seguir la forma básica de una hoja.

Agrega el trago de la oreja, que es una línea curva.

Sigue la forma de la oreja principal y traza una curva dentro de ella.

Agrega los detalles dentro del oído, incluido el canal auditivo externo, ¡y listo

OTROS ESTILOS DE OREJA

Lóbulo estirado

Lóbulo perforado

Pequeño y redondeado
(personajes más jóvenes)

Piercing de
doble hélice

Oreja de elfo corta

Oreja de gato
(generalmente las
orejas de los
animales se colocan
encima de la
cabeza del
personaje)

DIBUJANDO EMOCIONES BASICAS

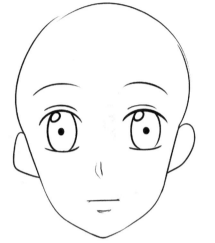

Las expresiones en los dibujos de manga generalmente se ven a través de las cejas, los ojos y la boca. En este ejemplo, la cara muestra una expresión neutral debido a los rasgos faciales.

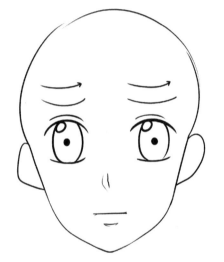

Cambiar las cejas a curvas que miren hacia arriba creará una emoción negativa. Incluso si la boca tiene una forma neutral, podemos ver que la emoción general de la cara ha cambiado.

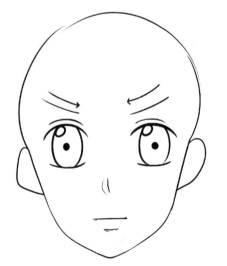

Dibujar cejas que van hacia abajo que están ligeramente en ángulo crea una cara enojada.

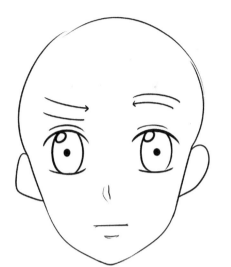

Si dibujamos una ceja que está "triste" y otra que está "enojada", mostrará una emoción confusa.

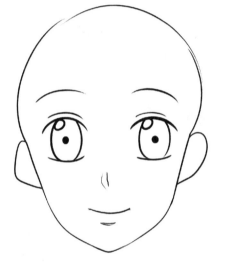

Cambiar la forma de la boca hará que la emoción sea más fuerte. En este ejemplo, combinamos la forma neutral de las cejas con una boca sonriente.

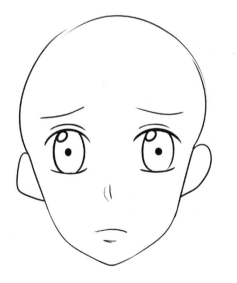

Haz una expresión triste haciendo coincidir las cejas tristes con el ceño fruncido. Puedes dibujar emociones más intensas haciendo que las características como la boca sean más curvas según su gusto.

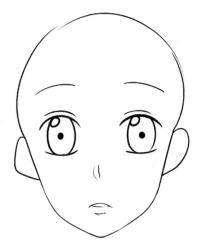

Puedes dibujar varias formas de boca para ayudar a transmitir una expresión más interesante.

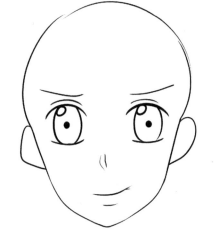

La clave para dibujar emociones es mezclar y unir las formas de los rasgos faciales para crear expresiones únicas en tu dibujo.

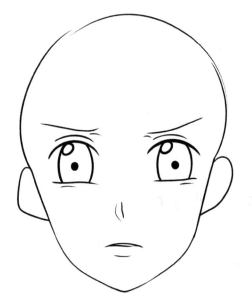

Cambiar la forma del ojo también puede marcar una gran diferencia al mostrar ciertas expresiones.

Como en este ejemplo, los ojos se reducen y se forman algunas líneas a su alrededor. Un consejo importante para ayudarte a dibujar varias expresiones es enfrentarte a un espejo e intentar imitar la emoción que quieres tener. Observa la forma general de sus ojos, cejas y boca. ¡Entonces trata de ponerlo en la cara de tu personaje

EXPRESIONES EXAGERADAS

ESTAS EXPRESIONES SE UTILIZAN POR LO GENERAL PARA ALIVIO CÓMICO. LAS CARACTERÍSTICAS FACIALES ESTÁN CARTOONIZADAS PARA MOSTRAR EMOCIONES EXTREMAS.

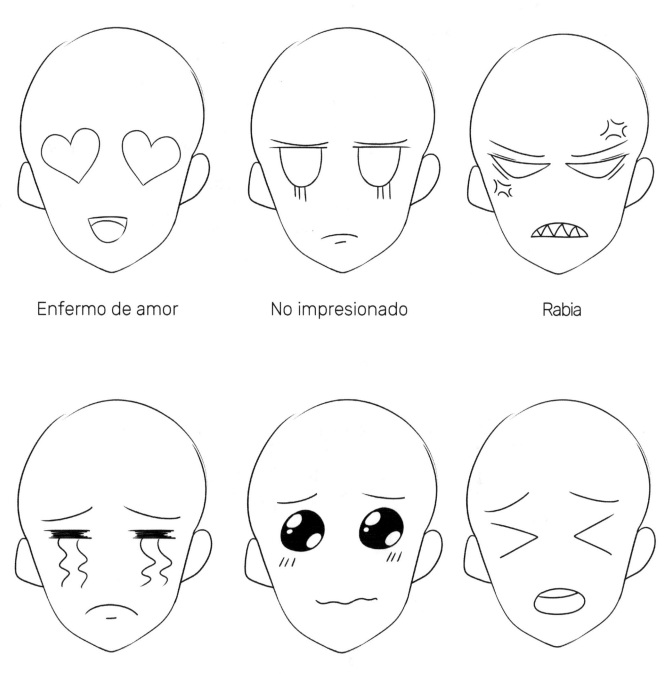

Enfermo de amor

No impresionado

Rabia

Llanto

Ojos de cachorro

Dolorido

DIBUJANDO CABELLO MANGA
- LO FUNDAMENTAL -

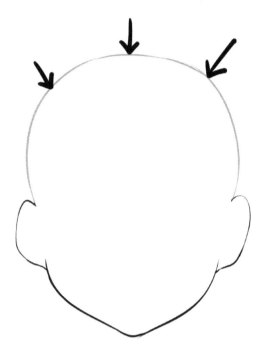

Para comenzar a dibujar el cabello, primero debemos pensar dónde queremos que esté la división del cabello.

Por lo general, puedes comenzar desde la parte izquierda, central o derecha de la cabeza del personaje. Esto nos facilitará dibujar el flujo del cabello.

Comenzar el cabello desde el lado izquierdo de la cabeza generalmente tendrá flequillo que fluye hacia el lado derecho y viceversa.

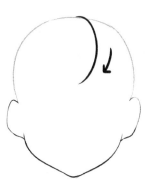

Si bien la partición desde el centro de la cabeza generalmente dará como resultado flequillo dividido en el medio o completo.

En este ejemplo, comenzaremos con una división que se establece en el medio de la cabeza. Dibuja una curva hacia abajo, la forma y la longitud del flequillo dependerán de tu gusto.

Luego, dibuja otro mechón de cabello junto a la primera curva.

Cierra la brecha entre los dos primeros mechones de cabello conectando una pequeña curva que comienza desde el final del segundo mechón hacia el primero.

Sería mejor si hay un pequeño espacio entre la curva pequeña y el primer filamento. Da la ilusión de un "mechón" simplificado de cabello en lugar de dibujar mechones de cabello uno por uno.

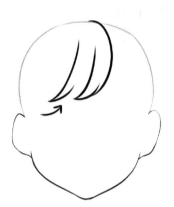

Repita el proceso de crear otro grupo de aire dibujando un filamento, agregando otro al lado, luego conectando los dos por una curva mucho más pequeña entre ellos.

También puede mezclar el proceso en lugar de agregar la pequeña curva entre los dos mechones, puede hacer que los dos primeros mechones se unan y luego conectar la pequeña curva al primer mechón de cabello.

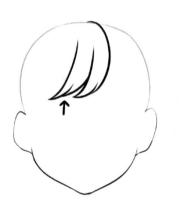

Otra variación que puedes hacer es hacer que dos mechones se encuentren incluso sin la ayuda de una pequeña curva.

Continúa construyendo el flequillo mezclando diferentes formas de dibujar mechones de cabello.

El flequillo generalmente se detiene antes de llegar a las orejas, en este caso, las secciones de cabello después de que el flequillo se coloca detrás de la oreja. Puedes hacer estas secciones más largas si prefieres, algunas incluso cubren las orejas. Dibujar mechones de cabello más largos sigue los mismos pasos al dibujar el flequillo.

Traza el contorno de la cabeza para mostrar la parte superior del cabello.

Agrega la longitud del cabello utilizando las mismas técnicas al dibujar el flequillo. Puedes personalizar la longitud del cabello según tu gusto.

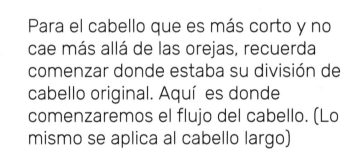

Para el cabello que es más corto y no cae más allá de las orejas, recuerda comenzar donde estaba su división de cabello original. Aquí es donde comenzaremos el flujo del cabello. (Lo mismo se aplica al cabello largo)

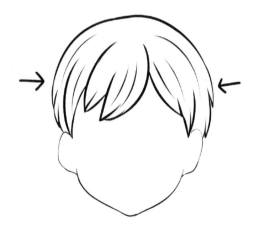

Agrega mechones de cabello corto antes de llegar a las orejas. En este ejemplo, el cabello se ve entrecortado y puntiagudo, siempre puedes dibujar un estilo de cabello diferente como quieras.

DIBUJANDO CABELLO MANGA
- TIPOS DE CABELLO -

Pelo de punta

Pelo ondulado

Pelo rizado

Pelo lacio

VARIOS ESTILOS DE CABELLOS

Flequillo corto

Flequillo medianas

Flequillo largo

Parted

Ondulado

Pulcro

Manzana

Beto

Mitad arriba

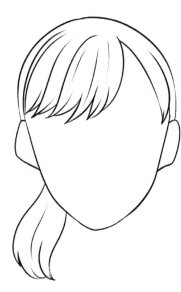

Cola de caballo baja

Colas gemelas

Cola de caballo
de un lado

Rizos elegantes

Colas gemelas bajas

Corte de princesa

Golpes completos

Bollos gemelos

Updo

RESUMEN Y NOTAS IMPORTANTES

Los bordes de la cara no tienen ángulos puntiagudos. Están dibujados con líneas redondeadas y suaves para que tenga un aspecto natural.

El ancho entre los ojos es alrededor del ancho de un ojo. Los ojos también están en línea con los oídos.

Al dibujar la boca, una curva debajo de ella hará que se vea como el labio. Este consejo es aplicable a todas las partes de la cabeza.

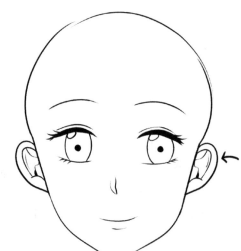

¡No olvides los detalles de las orejas ¡Recuerda que las orejas aún tienen valor para hacer que tu personaje se vea único

La variación en el dibujo de los mechones de cabello producirá un cabello más natural para su personaje. No olvides agregar algunas líneas entre los mechones para obtener detalles adicionales en el cabello.

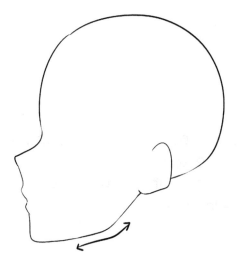

Al dibujar la vista lateral, asegúrate de dibujar la línea de la mandíbula de la cara como siempre, todos los bordes se dibujan suavemente y redondeados.

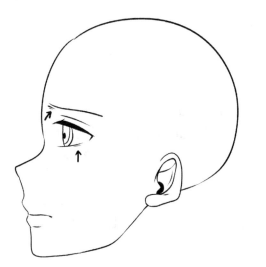

Haga que la expresión sea mas intensa agregando líneas a lo largo de las cejas y los ojos para mostrar las arrugas que hacen los rasgos faciales cuando muestra cierta emoción.

No olvides la variación que puedes hacer con la forma del ojo y los detalles y el peinado.

Haz que el personaje sea mucho más interesante mezclando varias características y estilos faciales.

El cielo es el límite para dibujar a tu personaje.

No tengas miedo de probar muchos estilos para que tu dibujo se vea único.

PROPORCIONES BÁSICAS DEL CUERPO

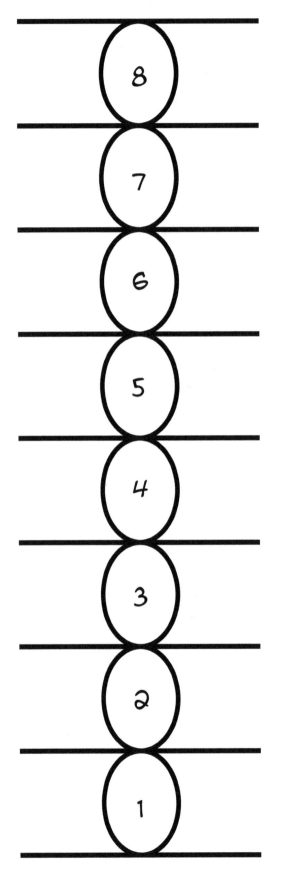

Al dibujar un personaje de cuerpo completo, es importante tomar nota de las proporciones. El estilo manga se clasifica como un tipo de dibujo estilizado, lo que significa que las partes del cuerpo y otras características son muy exageradas.

Pero, incluso si se espera que los personajes de manga no se parezcan a cuerpos y características realistas, no significa que no se seguirán las reglas más básicas de las proporciones corporales.

Principios y reglas para dibujar un cuerpo bien proporcionado.

Para comenzar, utilizaremos una "cabeza" como unidad de medida para dibujar el cuerpo. Normalmente, un personaje humano tiene 8 cabezas de altura, ya sea un personaje femenino o masculino.

Es importante utilizar esta técnica como principiante porque ayudará a identificar los lugares adecuados para colocar cada parte del cuerpo.

La cabeza misma estaría en la cabeza 8 mientras que los pies caen sobre la cabeza 1.

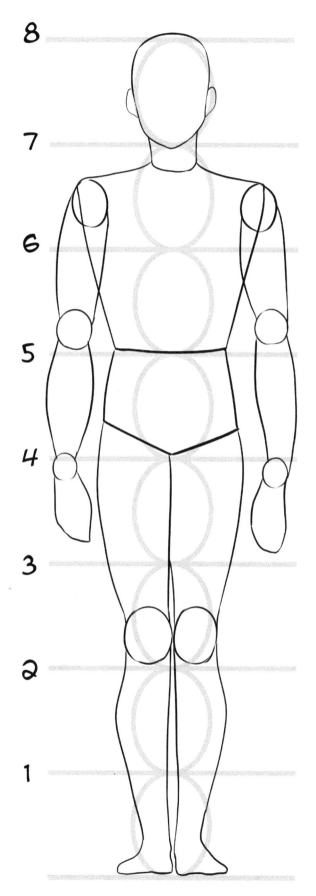

8 — 8- La cabeza comienza en 8 y la barbilla de la cara termina en 7.

7 — 7- El cuello comienza en 7, los hombros están conectados desde el cuello.

6 — 6- El punto medio entre el cuello y la parte del abdomen del cuerpo. Aquí es donde se encuentra el cofre.

5 — 5- La cintura o la parte más delgada del torso se encuentra aquí.

4 — 4- La entrepierna del cuerpo se coloca en el centro de 4.

3 — 3- El extremo de los dedos se coloca ligeramente arriba.

2 — 2- La parte inferior de las rodillas se coloca en 2.

1 — 1- A medio camino de las rodillas desde los talones del personaje.

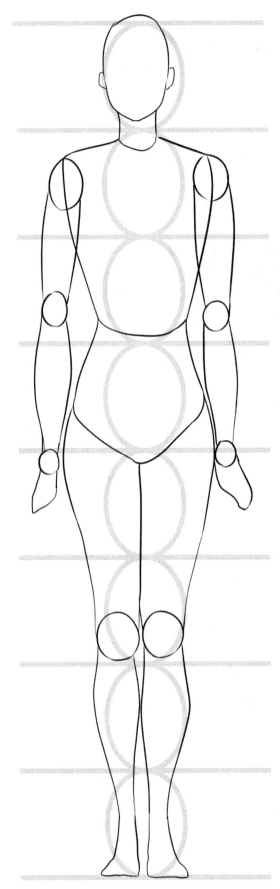

Los mismos principios de proporción se aplican a una figura femenina.

Sin embargo, como todas las características de un personaje más femenino, las formas son más delgadas y más estrechas que un personaje masculino.

Las partes habituales que son notablemente delgadas son los hombros, los brazos, las piernas y el torso.

La cintura es mucho más delgada en comparación con el cuerpo masculino.

Las caderas (4) tienen la forma más completa.

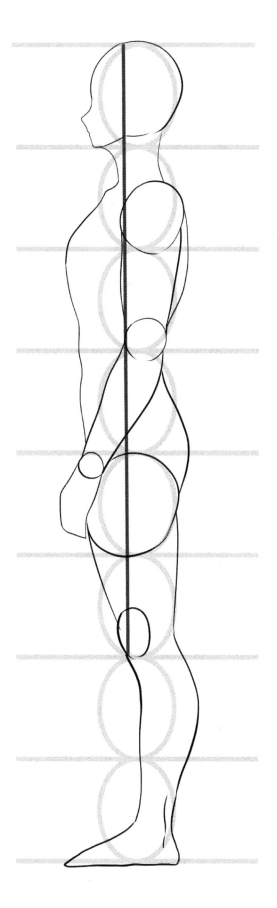

Dibujar un perfil lateral también sigue la técnica de proporción de 8 cabezas.

Dibujar una línea en el medio de la figura ayudará a dibujar las partes en la posición correcta.

El pecho, ya sea para la figura masculina o femenina, no es completamente plano cuando se dibuja en una vista lateral.

Lo mismo vale para el estómago. Recuerde siempre que el manga sigue los principios básicos para dibujar una figura humana.

En este caso, un estómago o un pecho no pueden ser completamente planos como una tabla ya que hay órganos, músculos y huesos dentro del cuerpo.

Las nalgas y las pantorrillas se dibujan en el otro lado de la figura de la línea media, mientras que el pecho y el estómago están en el lado opuesto.

DIBUJO DE ROPA BÁSICA
- TOPS -

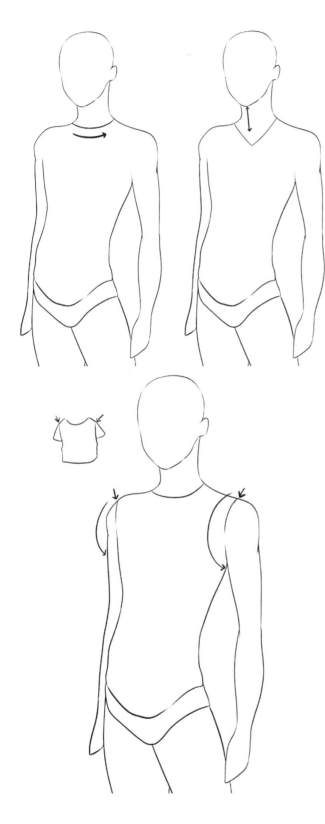

Comenzaremos con la prenda más básica que es una camisa. En este ejemplo, tenemos una figura masculina delgada y esbelta como modelo.

Comienza con el escote de la camisa. Una línea curva debajo del cuello sería una camisa de cuello redondo. Por supuesto, puede dibujar el escote que desee, como un cuello en V, pero recuerde que el centro de la "V" debe alinearse con el mentón.

Luego agrega las sisas, que se dibujan como líneas curvas que se enrollan alrededor de los brazos. Suelen descansar sobre los omóplatos.

Pero hay partes superiores en las que las sisas están más allá de los omóplatos, todo depende del estilo de la ropa. Pero las tapas lisas generalmente están diseñadas de esta manera.

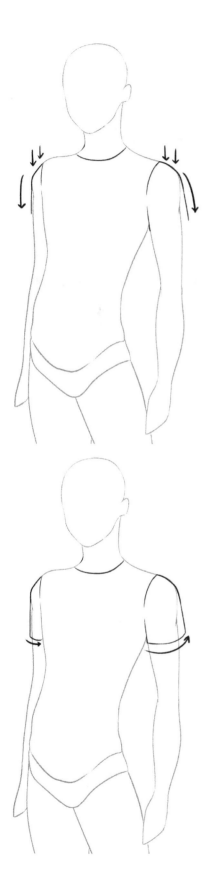

Agrega las mangas dibujando líneas curvas que caen desde la posición de los omóplatos hacia abajo. Recuerde que incluso si la camisa debe ser ajustada o holgada, la clave para dibujar un flujo realista de ropa es imaginar cómo la gravedad afecta la tela. En este ejemplo, la tela descansará sobre los omóplatos y fluirá libremente más allá de ella.

Conecte las mangas dibujando una curva entre ellas. Asegúrese de hacer una línea curva para darle la ilusión de que la tela está "envuelta" alrededor del cuerpo.

¡Dibujar una línea recta siempre dará como resultado una ilustración de aspecto antinatural

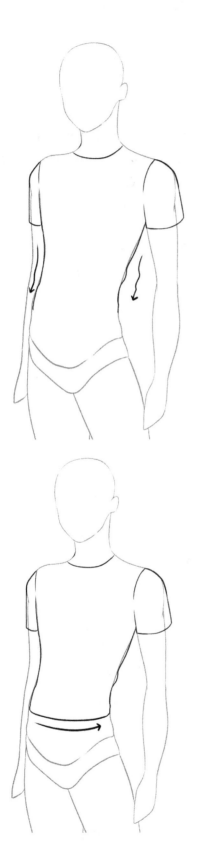

Dibuja las costuras laterales de la camisa agregando dos líneas curvas u onduladas a cada lado del torso.

Estas líneas darán la ilusión de pliegues o arrugas en la tela ya que nuestro modelo se inclina un poco. Dado que el cuerpo no está en posición recta, la ropa también seguirá.

Dibuja el dobladillo de la camisa como se dibujan las mangas: línea curva que parece estar envuelta alrededor del cuerpo. La longitud de la camisa dependerá de tu gusto, puedes hacerla corta o larga.

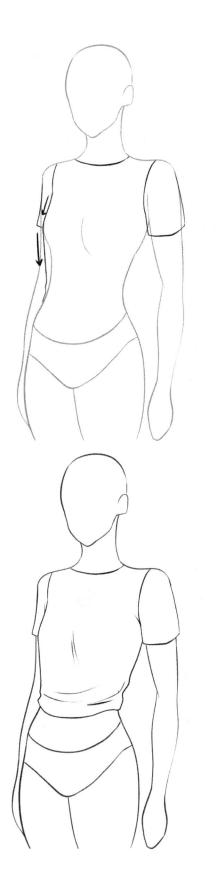

Al dibujar una camisa para una figura femenina, seguimos los mismos pasos, pero existe una diferencia cuando llegamos a dibujar las costuras laterales.

Como las figuras femeninas tienen bustos, seguiremos la técnica con las mangas de la camisa; la tela descansará sobre la parte superior del busto y caerá libremente cuando llegue a la mitad.

Al terminar una camisa para una figura femenina, asegúrate de agregar algunos pliegues en el área del busto para indicar la presencia del cofre.

Por supuesto, si el tamaño del busto se redujo, solo se deduce que hay pliegues más pequeños y mas cortos en esta área.

DIBUJO DE ROPA BÁSICA
- ROPA DE CALLE -

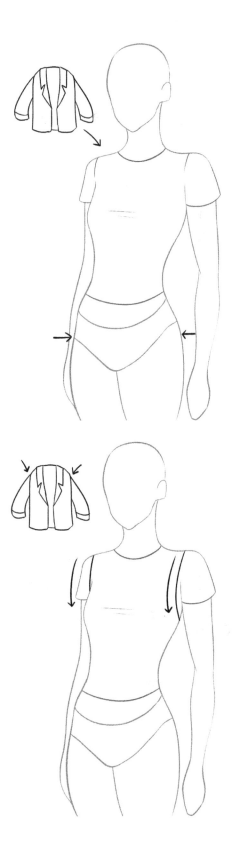

La ropa de abrigo incluye chaquetas, abrigos, chaquetas de punto, suéteres, batas e incluso chaquetas y sudaderas con capucha. En este ejemplo, dibujaremos un blazer para esta figura femenina que lleva una camiseta interior simple.

Primero, determine la longitud de la ropa exterior. Esto caerá a su propia preferencia; puedes hacerlo largo como gabardinas o corto como chaquetas recortadas.

Como dibujar camisas, haz el agujero del brazo de la chaqueta dibujando líneas curvas en la parte superior de los agujeros del brazo de la camisa.

Recuerda que la mayoría de las prendas de abrigo son más grandes de lo que llevan los personajes. Haz que caiga un poco mas que la sisa de la camisa.

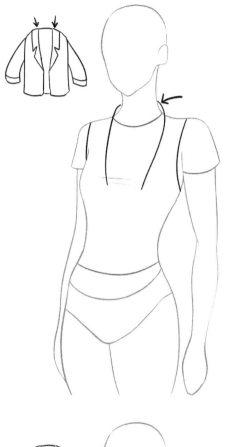

El siguiente paso es dibujar el cuello de la chaqueta. Coloque un espacio entre el cuello y el collar mismo.

Recuerde que las prendas exteriores están "descansando" sobre la parte superior del cuerpo. Haga que parezca que está "envuelto" alrededor de la figura. Hacer que tenga las mismas dimensiones que la camisa hará que se vea plana y sin capas.

Continúa dibujando los forros de la chaqueta, así como las solapas en el cofre.

Dibuja las mangas de la chaqueta. Asegúrese de que sea más grande que la camisa debajo para crear una ilusión de ropa en capas.

Continúa conectando las solapas con el dobladillo de la chaqueta. También recuerde que usar ropa de abrigo ocultará la mayor parte de la forma del cuerpo de la figura. Como en este ejemplo, el área del pecho y la delgada línea de la cintura de la figura ya no se notarán.

La ropa exterior ya está hecha
Siempre puedes experimentar con el
diseño, el material y el tipo.

COMMON TOP STYLES

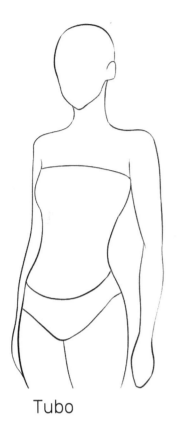

Tubo

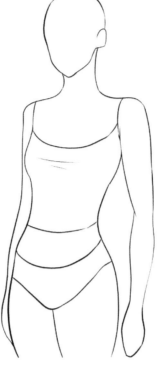

Camisola

Fuera del hombro

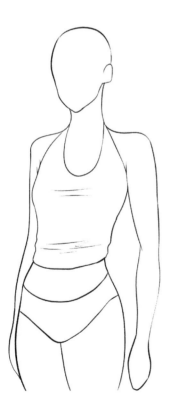

Cabestro

Asimétrico

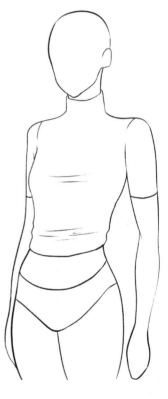

Cuello simulacro

DIFERENTES TIPOS DE MANGAS

Gorra

Mangas cortas

Mangas largas

Mariposa

Hinchado

Campana

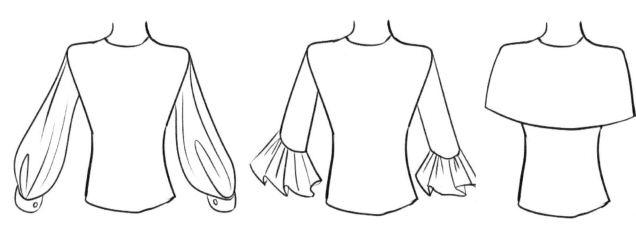

Esposado

Volado

Capa

DIFERENTES TIPOS DE COLLAR

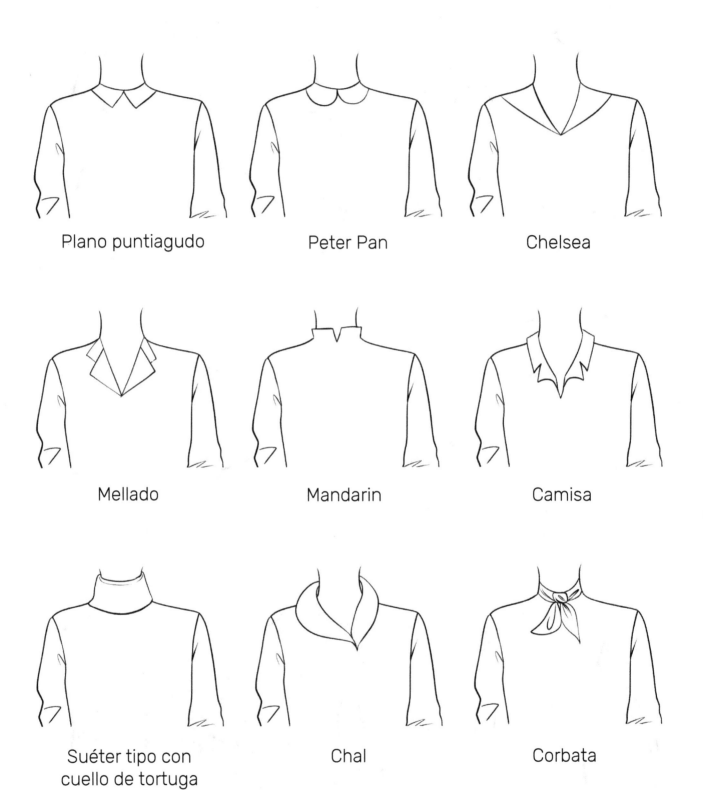

Plano puntiagudo

Peter Pan

Chelsea

Mellado

Mandarin

Camisa

Suéter tipo con
cuello de tortuga

Chal

Corbata

DIBUJO DE ROPA BÁSICA
- LOS BAJOS -

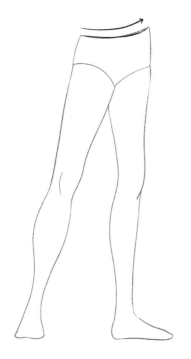

En esta parte, dibujamos los fondos más básicos, que son un par de pantalones. Comienza con la banda de la cintura de los pantalones dibujando una línea curva a lo largo de la cintura del cuerpo.

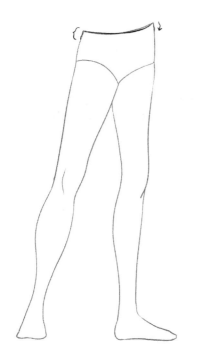

Decide el ancho de la banda de la cintura, recuerda que aquí es donde se colocará la presilla del cinturón más adelante.

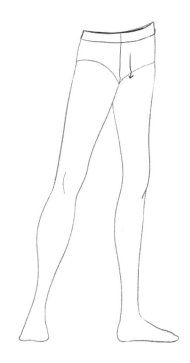

Dibuja una línea en el medio del área pélvica, esto debe pasar a través de la entrepierna del cuerpo. Este será el punto de muleta de los pantalones.

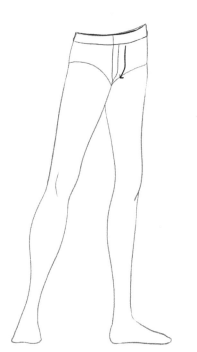

Agrega una línea curva que se encontrará con el punto de muleta, esta línea será la bragueta de los pantalones donde generalmente se encuentra la cremallera.

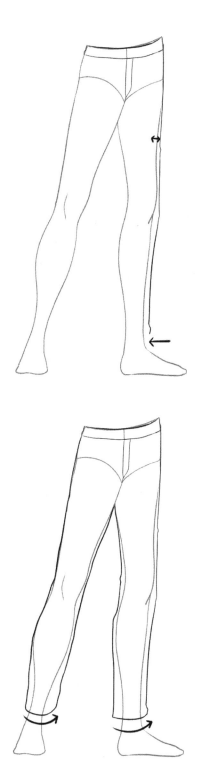

Determine la longitud del pantalón, puede dibujarlo más corto o más largo según su gusto. Luego, dibuja la costura lateral desde la banda de la cintura hasta su longitud preferida. Recuerda que la ropa tiene un espacio entre la piel y la tela, excepto, por supuesto, si la ropa fue diseñada para ajustarse o quedar ajustada.

Conecta las costuras laterales dibujando una línea curva alrededor de las piernas. Esta será la abertura de la pierna del pantalón.

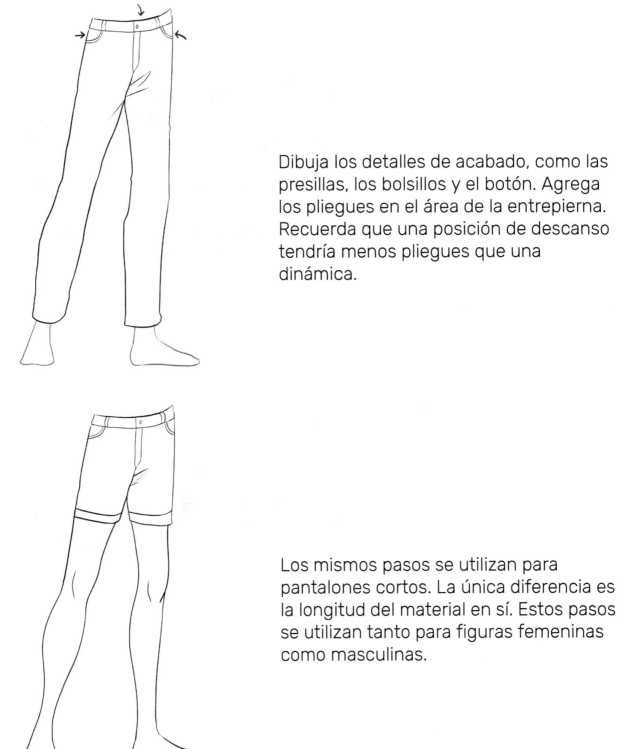

Dibuja los detalles de acabado, como las presillas, los bolsillos y el botón. Agrega los pliegues en el área de la entrepierna. Recuerda que una posición de descanso tendría menos pliegues que una dinámica.

Los mismos pasos se utilizan para pantalones cortos. La única diferencia es la longitud del material en sí. Estos pasos se utilizan tanto para figuras femeninas como masculinas.

DIBUJO DE ROPA BASICA
- LOS BAJOS -

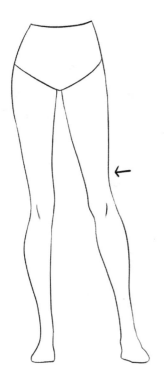

Para comenzar a dibujar una falda simple a lápiz (corte recto), determine la longitud de la ropa. En este ejemplo, lo dibujaremos un poco por encima de las rodillas.

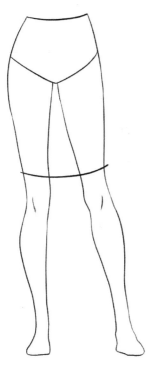

Dibuja una línea curva a través de las piernas. Este será el dobladillo de la falda.

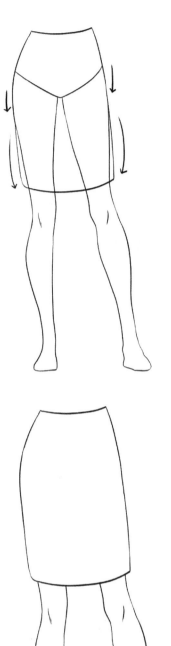

Conecta la banda de la cintura y el dobladillo dibujando las costuras laterales con líneas curvas. Recuerda la técnica donde la tela descansa sobre una masa corporal y cae libremente después de ella. En este ejemplo, la tela abraza los muslos, por eso no hay espacios entre el cuerpo y la tela: después de los muslos, la tela se cae libremente.

¡La falda simple a lápiz ya está lista Puedes agregar varios detalles y diseños para hacerlo más único.

Otro estilo de falda que los personajes de manga suelen ver es la minifalda plisada. Este tipo de falda generalmente la usan estudiantes o mujeres jóvenes.

Comienza por determinar la longitud que deseas que tenga. En este ejemplo, la falda descansa alrededor de la mitad del muslo. Dibuja una línea curva que parezca que rodea las piernas. Esto proporcionará una mejor guía para dibujar la ropa más tarde.

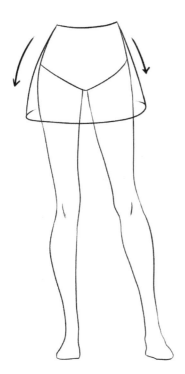

Dibuja las costuras laterales de la falda y conéctala a la guía del dobladillo.

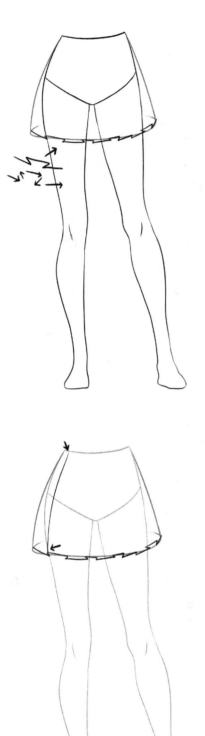

Comienza a dibujar patrones en zig zag con la guía del dobladillo hasta que cubra toda la longitud. Puedes hacer que las líneas sean más anchas o más estrechas, estas líneas crearán la ilusión de pliegues dentro de la falda.

Conecta los bordes de los pliegues a la banda de la cintura de la falda. Haz esto en todos los bordes hasta que termine todos los pliegues.

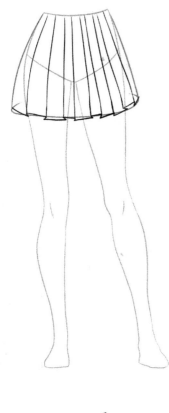

Conecta las pequeños arrugas de los pliegues agregando pequeñas líneas. Esto dará la ilusión de tela doblada y superpuesta.

¡La falda plisada ya está hecha Siempre puedes cambiar el largo de la falda y el ancho de los pliegues de los pliegues según tu gusto.

ESTILOS COMUNES INFERIORES

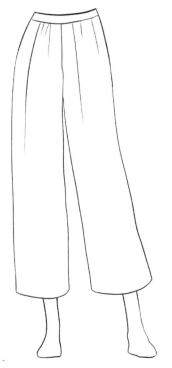

Pantalones Cuadrados

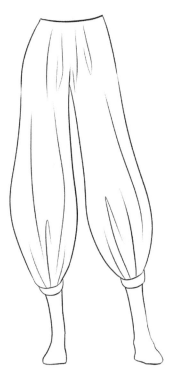

Pantalones Harlem

Pantalones

Pantalones cortos

Falda larga

Falda cruzada

DIBUJO DE ROPA BÁSICA
- SOMBRERO -

Dibujar un sombrero es simple, todo lo que debe recordar es seguir la forma básica de la cabeza. También ten en cuenta que usar un sombrero doblará la forma, por lo que si el cabello de un personaje es esponjoso o grande, estará cubierto en su mayor parte por el sombrero.

En este ejemplo, dibujaremos un límite básico.

Comienza con la visera de la gorra. La visera generalmente oculta la frente y el flequillo de la cabeza. Dibuja una línea curva sobre la cabeza del personaje.

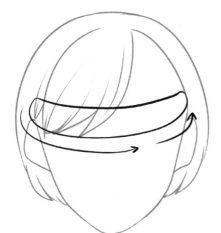

Completa la forma de la visera dibujando otra curva debajo de ella.

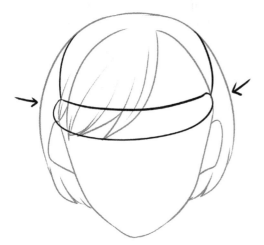

Agrega los paneles de la tapa. Recuerda que los sombreros generalmente siguen la forma de la cabeza y no el cabello, por lo que en este ejemplo dibujamos dos líneas curvas desde la parte superior de la cabeza hasta los bordes de la visera siguiendo la forma real de la cabeza del personaje. El pelo "extra" estará metido dentro del sombrero, así que tendremos que borrarlo más adelante.

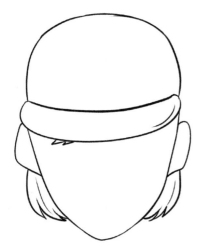

En el último paso, borramos el cabello "extra" que se supone que debe estar metido dentro del sombrero, así como el flequillo que está oculto dentro de la visera.

OTROS ESTILOS DE SOMBREROS

Sombrero para el sol
(ala ancha)

Gorro

Sombrero de bruja

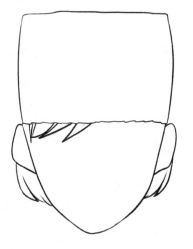

Cosaco

Sombrero de copa

Boina

ACCESORIOS COMUNES PARA EL CABELLO

Cinta

Arcos

Liga para el cabello

Banda para el cabello

Banda para la cabeza

Pinzas para
el cabello y
pasadores

DIBUJO DE ROPA BÁSICA
- ZAPATOS -

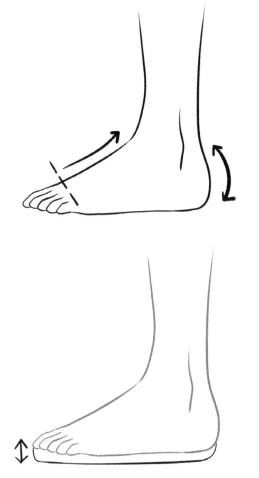

Para comenzar a dibujar un zapato básico, debes comprender la forma de un pie. Recuerda que el talón es curvo, los dedos redondeados y hay una pendiente desde los dedos hasta los tobillos.

Determina la altura que desea que tenga su zapato. Recuerda que cualquier tipo de zapato siempre tendrá una altura específica, un zapato no puede ser directamente plano al suelo. Para este ejemplo, utilizaremos una altura normal ya que dibujaremos una zapatilla básica.

Agrega la parte posterior del zapato que alberga la planta del pie. Recuerda que se envuelve alrededor del pie, así que no lo dibujes de manera plana. También coloque un pequeño espacio entre el pie y el zapato, ya que un zapato no se ajusta como un guante o un calcetín.

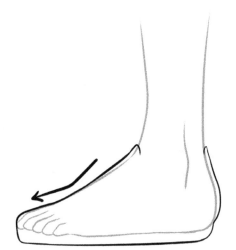

Agrega una curva inclinada que conecte los dedos hacia arriba. Esta sería la lengua del zapato.

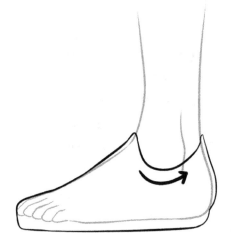

Agrega otra curva desde la lengua hacia la suela del zapato.

Agrega varios detalles, cómo los cordones de los zapatos y las costuras. Puedes agregar cualquier diseño que quieras y experimentar con el tipo de zapato que quieres que tenga tu personaje.

OTROS ESTILOS DE ZAPATO

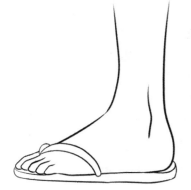

Zapatilla

Zapato del barco

Mocasín

Zapatilla con cordones

Zapato deportivo

Botín

Bota gruesa

Bomba

Bota de tacón alto

DIBUJO DE ROPA BÁSICA
- ZAPATOS CON TACONES -

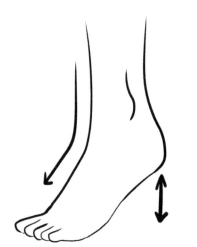

El proceso para dibujar zapatos de tacón es casi el mismo que para dibujar zapatos de tacón bajo, la única diferencia es que la suela y la pendiente se levantan más alto. Comience por determinar la altura del talón. Puedes hacerlo mucho más alto o más bajo dependiendo del zapato que desee.

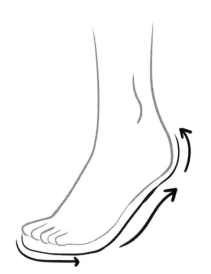

Al igual que el segundo paso para dibujar zapatos de tacón bajo, dibuja la suela del zapato y la parte redondeada en la parte posterior del pie. Recuerda dejar un pequeño espacio entre el pie real y el zapato porque los zapatos no se ajustan exactamente como un guante.

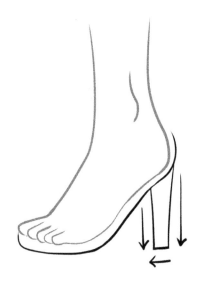

Añade el tacón del zapato. Puedes agregar diferentes formas de talón, como hacerlo más afilado, más grueso o incluso más alto.

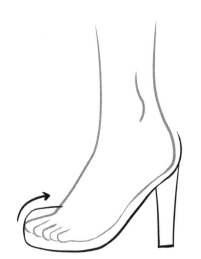

Agrega el dedo del pie dibujando una línea curva que delinee los dedos del pie.

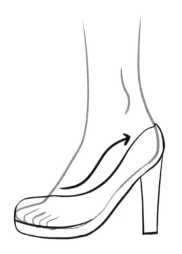

Dibuje el forro del zapato creando una línea curva que conecte la puntera y la suela del zapato.

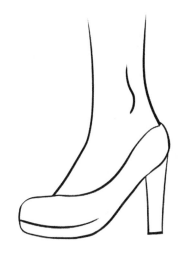

Termina el zapato agregando varios diseños de acuerdo a su gusto.

DIBUJO DE PERSONAJES BÁSICOS
– CHICA JOVEN –

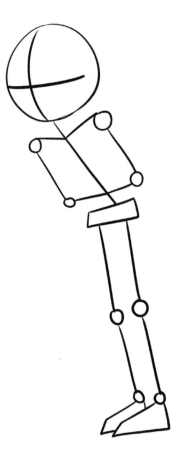

¡Ahora que hemos cubierto los tutoriales más básicos, podemos proceder a dibujar todo el personaje

En este ejemplo, dibujaremos a una mujer joven. Comenzamos por determinar qué pose tendrá, recuerda usar formas básicas para construir el marco del cuerpo: un círculo para la cabeza, líneas para las extremidades, círculos para las articulaciones y varios polígonos para los pies y el área pélvica.

Como dibujaremos a una joven, podemos hacer que su pose sea así, lo que demuestra inocencia y delicadeza. Por supuesto, puede tener el personaje en cualquier pose que prefiera, pero sería mejor mostrar la personalidad del personaje a través de su pose.

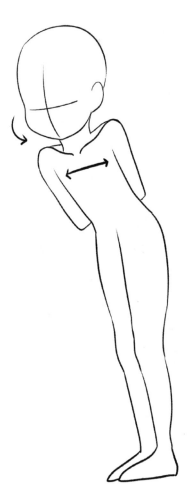

Después de dibujar el marco básico, comienza a definir la forma del cuerpo del personaje delineando las formas básicas del cuerpo.

Asegúrate de dibujar la cara más redonda, especialmente alrededor de las mejillas. Hacer esto hará que el personaje se vea más joven. También recuerda que los niños son mucho más pequeños que los adultos, por lo tanto, haga que sus cuerpos sean más delgados y más cortos que las proporciones habituales.

¡Ahora comenzaremos a dibujar la cara Dibuja la forma de la cara, ojos, cejas, nariz y boca del personaje. Como estamos dibujando un personaje joven, ¡asegúrate de hacer que los ojos sean un poco más grandes y redondos

La personalidad también se puede ver en los ojos y en la expresión facial, ¡así que ten en cuenta cómo quieres que se vea a tu personaje ¿Son del tipo gentil? El tipo ruidoso? En este ejemplo, puedes ver claramente que la niña que estamos dibujando es más un personaje tímido y reservado.

Dibuja el cabello del personaje según tu gusto. ¡El peinado también puede hablar sobre la personalidad de un personaje

Recuerda el flujo del cabello, como en este ejemplo, la pose del personaje está ligeramente inclinada hacia un lado, es por eso que su cabello también cae hacia un lado.

¡Agrega varios accesorios para el cabello como clips, bandas y sombreros para que su personaje sea más interesante

¡Lo siguiente que debes dibujar es la ropa ¡Busca varias inspiraciones para tu personaje ¡Puedes buscar las últimas piezas en Internet o incluso desde tu propio armario

¡También recuerda combinar el atuendo de tu personaje con su personalidad Una chica tímida y reservada como ella usaría principalmente vestidos simples y femeninos.

Tenga en cuenta cómo caerá la ropa del cuerpo. Al igual que dibujar el cabello, asegúrese de mostrar que la ropa caerá hacia un lado si se inclina hacia un lado.

¡Agrega otros accesorios de ropa como los zapatos y ya está Dibujar un personaje joven en general se centra en hacer que se vean lindos y activos.

¡Agrega varios accesorios y haga que sus peinados y ropa hablen por sus personalidades únicas

DIBUJO DE PERSONAJES BÁSICOS
- CHICO JOVEN -

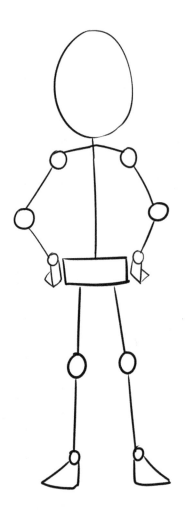

Los próximos tutoriales seguirán los mismos pasos que el tutorial femenino joven, en el que lo primero que debe dibujar es el marco básico del cuerpo que está compuesto de varias formas.

Este personaje también es joven, ¡por eso haremos que la pose sea un poco descarada y divertida

Luego procederemos a la cara del personaje. Dibuja la forma de la cara, ojos, orejas y boca. Un cambio en la expresión puede hacer un cambio interesante en la personalidad de un personaje.

Dado que el personaje es joven, una expresión viva lo combinará bien para mostrar bien su personalidad.

Agrega el cabello a la cabeza del personaje. Como su diseño es más activo, un peinado corto y puntiagudo le queda bien.

Agrega la ropa que combine con tu personaje. Para este ejemplo, lo vestiremos con ropa divertida que los chicos jóvenes suelen usar. Puede agregar más accesorios o dibujar una variación de piezas y diseños.

¡Y ahora hemos terminado Recuerda siempre que siempre puedes hacer tu propia variación en el diseño de personajes.

Solo recuerda seguir las pautas y consejos más básicos, como dibujar personajes jóvenes con caras más redondas, especialmente alrededor de las mejillas, ojos más grandes y redondos y cuerpos más delgados.

DIBUJO DE PERSONAJES BÁSICOS
- ESTUDIANDO DE SECUNDARIA MASCULINO -

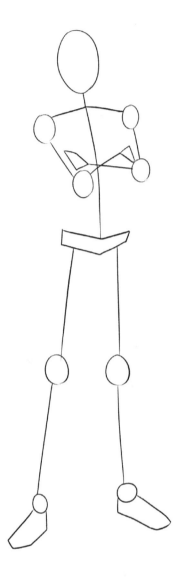

El primer paso también comenzará con el marco básico del cuerpo y una pose del personaje.

Los estudiantes de secundaria a menudo son protagonistas en muchas series de manga, y dibujarlos es fácil y sigue los mismos procedimientos que dibujar personajes más jóvenes.

Dado que los estudiantes de secundaria se consideran "adultos" en términos de proporciones corporales, seguiremos el estándar al dibujar el cuerpo del personaje.

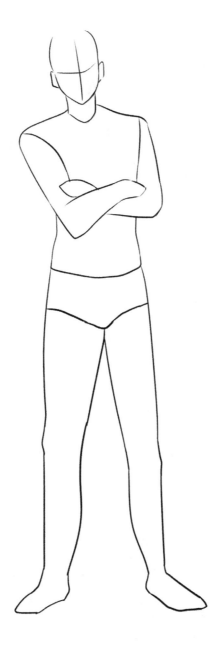

Siga el marco del cuerpo definiendo las características del cuerpo, como los brazos, el torso y las piernas.

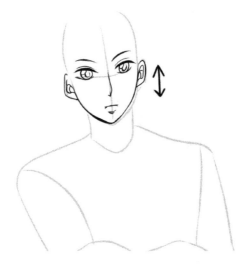

Comienza agregando detalles en la cara del personaje. Recuerda que estos son personajes mayores, por lo que sus rasgos faciales son un poco más nítidos y refinados que los de los niños.

Nuevamente, puede ser útil saber de antemano qué tipo de personaje está dibujando para saber qué tipo de rasgos faciales dibujará para mostrar su personalidad.

En este ejemplo, puedes ver que este tipo es del tipo serio y un poco reservado, por eso la forma de sus ojos es un poco delgada y sus rasgos faciales son nítidos.

Agrega el cabello de tu personaje, una variación en el grosor de la línea lo hará menos plano. También toma nota de qué estilo de cabello va a utilizar para que los mechones de cabello sean uniformes.

¡Lo siguiente es la ropa ¡Dibujar uniformes de secundaria es divertido Hay muchas variaciones y accesorios que puede agregar.

El conjunto de uniforme japonés estándar generalmente se compone de una camisa abotonada (manga larga, manga corta durante el verano), una prenda exterior que puede ser un blazer o un cárdigan, y pantalones o faldas. Para el calzado, los estudiantes usan zapatillas de deporte o mocasines afuera, y cuando están dentro de sus escuelas se cambian a zapatos de interior que parecen ocasines suaves. Los accesorios generalmente varían, puedes agregar cintas y corbatas, o incluso patrones a cuadros a sus faldas y pantalones.

Para este ejemplo, este tipo genial está diseñado con el conjunto de uniforme estándar y las zapatillas de deporte, menos la corbata.

¡Y ahora hemos terminado con nuestro estudiante masculino de secundaria

Recuerda incorporar la personalidad de tu personaje en su ropa y expresiones, así como en su pose. Esto completa el dibujo y lo hace más vivo.

DIBUJO DE PERSONAJES BÁSICOS
- ESTUDIANTE DE ESCUELA SECUNDARIA FEMENINA -

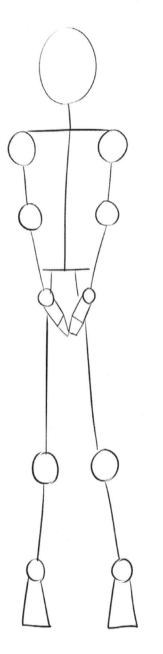

El primer paso también comenzará con el marco básico del cuerpo y una pose del personaje.

Con el marco, puedes visualizar como se verá el personaje al final.

Dibuja la cara con los ojos, la boca y las cejas. Nunca olvides tener en cuenta su expresión.

Luego, dibuja un cabello que coincida con la personalidad de nuestro personaje. Añade su cuello también.

El siguiente paso es dibujar el uniforme. Este tipo de uniforme que se muestra es otro conjunto de uniforme común que usan los estudiantes de Japón. se llama "marinero FUKU" o simplemente uniforme de marinero.

Las estudiantes generalmente lo usan con un pañuelo atado alrededor del cuello, aunque también se pueden usar cintas y corbatas. La variación del desgaste exterior también es común, como en el dibujo, ella usa un suéter fuera de su marinero fuku. El uniforme también se combina con una falda plisada como parte inferior.

Termina el dibujo agregando los zapatos y otros accesorios. Al igual que lo que se mencionó en el dibujo de estudiantes de secundaria masculinos, tanto los niños como las niñas pueden usar mocasines o zapatillas de deporte.

Los calcetines también son un accesorio importante para conjuntos uniformes. Las niñas usualmente usan una variación de medias, algunas usan medias, medias hasta el muslo y, como en este ejemplo, medias altas que van con sus zapatos.

DIBUJO DE PERSONAJES BÁSICOS
- MUJER ADULTA -

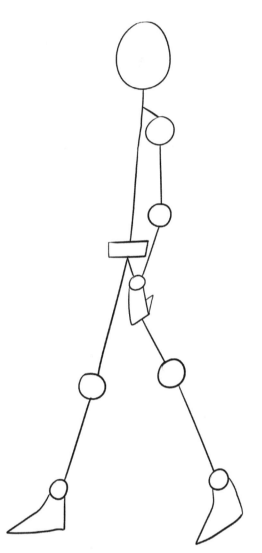

El primer paso también comenzará con el marco básico del cuerpo y una pose del personaje.

Para una variación, dibujaremos el personaje mirando hacia los lados. Al dibujar un cuerpo completo hacia los lados, solo se ve un lado del cuerpo, es por eso que solo dibuja un brazo y una pierna. Pero en este caso, el personaje está en una pose dinámica que muestra caminar, por eso se muestra la otra pierna. Esto da la ilusión de que el personaje está dando pasos.

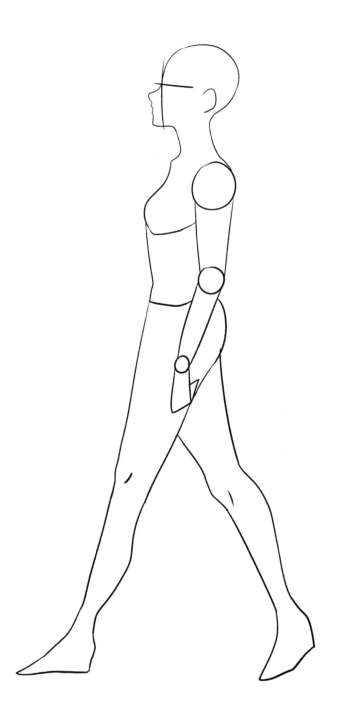

Al igual que los primeros tutoriales, describe la forma del cuerpo para tener una idea concreta de dónde dibujar las partes del cuerpo. Recuerda que los brazos y las piernas se dibujan suavemente con bordes redondeados y no con ángulos agudos.

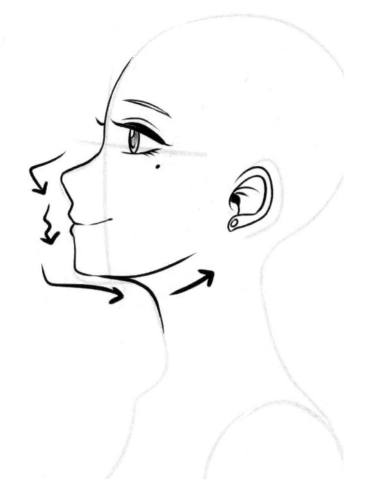

Dibuja los rasgos faciales básicos del personaje. Recuerda el tutorial básico al dibujar caras que están en vista lateral. La nariz es más detallada y hay un contorno para los labios. También recuerda dibujar la oreja, se coloca ligeramente debajo de los ojos.

Asegúrate de mantener las líneas suaves y un poco redondeadas para que sus rasgos sean más suaves y femeninos. Se agregó una marca de belleza debajo de su ojo para agregar un detalle a su rostro. ¡Siéntete libre de agregar varios detalles faciales como cicatrices, pecas o incluso imperfecciones

Agrega el peinado de su elección. En este ejemplo, un peinado elegante se adapta muy bien al personaje. Asegúrese de agregar una variación del ancho de la línea para agregar "volumen" al cabello.

No tengas miedo de probar y experimentar dibujando peinados. Como se muestra arriba, su cabello está trenzado y rizado para sugerir feminidad.

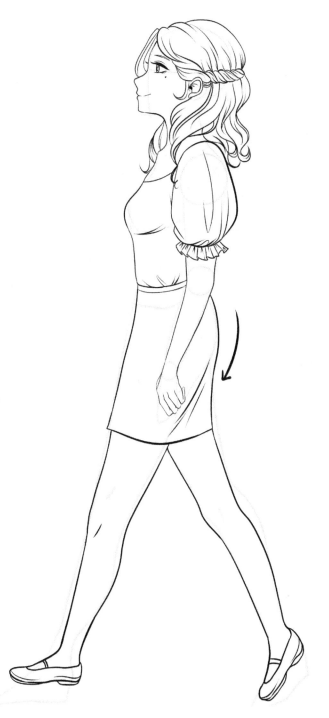

Y, por supuesto, dibuja la ropa que complementará las características del personaje. Como buscamos un personaje más elegante y suave, un buen top con algunos detalles de volantes y una falda le queda bien.

Ten en cuenta los pliegues de la ropa en poses dinámicas como esta. Como se muestra que está dando pasos, el estrés está en su pierna, por eso los pliegues de su falda siguen a la pierna.

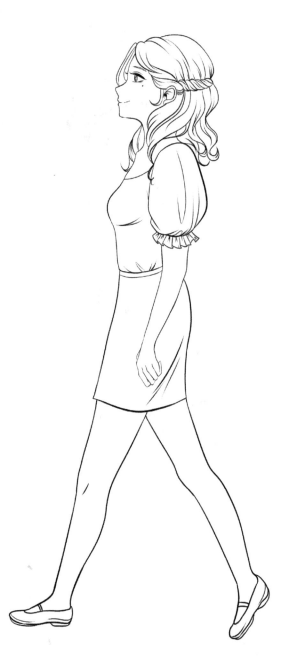

¡Y ahora que has terminado con tu personaje femenino ¡Recuerda que sus opciones son infinitas ¡Hay muchas personalidades y diseños únicos que puedes incorporar a tu personaje

Elegir las características faciales, el peinado, las expresiones y la ropa correctos se complementarán y harán que parezca que tu personaje realmente está vivo.

DIBUJO DE PERSONAJES BÁSICOS
- HOMBRE ADULTO -

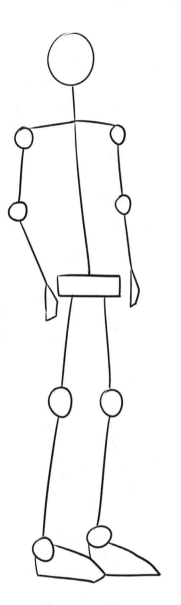

El primer paso también comenzará con el marco básico del cuerpo y una pose del personaje.

Esta es otra pose de vista lateral, pero esta vez, el cuerpo se enfrentará un poco más hacia adelante mientras que la cabeza mira hacia los lados.

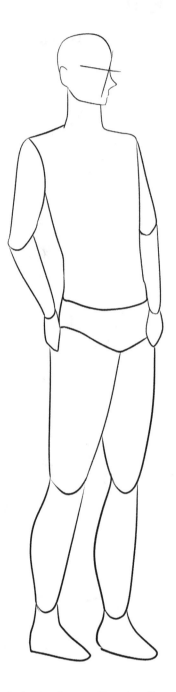

Al igual que los primeros tutoriales, describe la forma del cuerpo para tener una idea concreta de dónde dibujar las partes del cuerpo. Recuerde que los brazos y las piernas se dibujan suavemente con bordes redondeados y no con ángulos agudos.

Dibuja los rasgos faciales básicos del personaje. Recuerde el tutorial básico al dibujar caras que están en vista lateral. La nariz es más detallada y hay un contorno para los labios. También recuerde dibujar la oreja, se coloca ligeramente debajo de los ojos.

También agregue el cabello del personaje para completar toda la cabeza.

Dibuja la ropa que prefieras. En este ejemplo, un desgaste exterior se
dibujó como una pieza de ropa adicional. Recuerda que al dibujar ropa
como chaquetas, chaquetas y abrigos, debería gustarle como si estuviera
"cubriendo" la parte superior del cuerpo del personaje, lo que significa que
no debería verse como si estuviera ajustado como un guante.

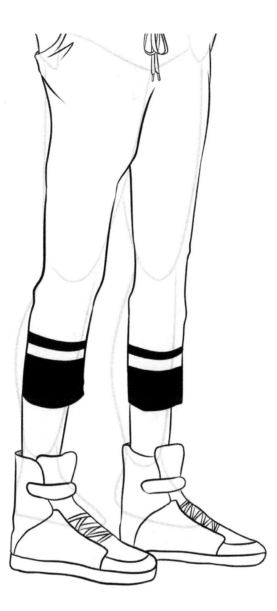

Agregue las piezas de ropa restantes, como la parte inferior y los zapatos de sus personajes. Si lo desea, puede agregar algunos diseños adicionales a sus piezas de ropa para que sean menos simples y hacer que su dibujo sea más interesante. Puede comenzar con diseños simples como rayas, como en esta muestra.

¡Y ahora has terminado con tu personaje masculino ¡Recuerda que sus opciones de diseño son infinitas ¡Hay muchas personalidades y diseños únicos que puedes incorporar a tu personaje

Elegir las características faciales, el peinado, las expresiones y la ropa correctos se complementarán y harán que parezca que tu personaje está realmente vivo.

DIBUJAR A UNA CHICA DE MANGA CON NEKOMIMI
- OREJAS DE GATO-

Comience con un simple boceto de la pose con la que desea trabajar. ¡Dibujar un "hombre palo" básico puede ayudar mucho Usa formas para definir el cuerpo del personaje. Es importante tener en cuenta que el cuerpo es más circular en ciertas partes y no solo un rectángulo grande y plano.

Después de dibujar el cuerpo, podemos proceder a dibujar la ropa y el cabello. En este ejemplo, se usó un uniforme tradicional japonés. Dibuja algunos pliegues alrededor de las áreas donde hay movimiento para que la figura no se vea plana y sin vida. Al dibujar el cabello y la ropa, debemos recordar cómo funciona la gravedad. Hazlo más realista haciendo que se vean drapeados en la figura.

¡Ahora podemos proceder para alinear el personaje a la vida Comenzando con la cara, dibuje el boceto limpiamente con líneas suaves. Los ojos son una de las partes más importantes en el dibujo de personajes, ¡así que asegúrate de experimentar cómo los dibujas Puedes usar varias formas para hacerlo más único.

También recuerda dibujar piernas y brazos con curvas. ¡Las extremidades humanas no son rectas Dibujar una forma delgada puede hacer que se vea menos rígida y antinatural.

Al dibujar el cabello, asegúrese de no marcar los mechones, intente dibujarlo en "grupos" o secciones, y agregue detalles simples.

Forra toda la ropa que dibujaste. ¡Asegúrate de recordar los pliegues de la ropa

Agrega los accesorios adicionales o partes del cuerpo. En este caso, nekomimi u orejas de gato Dibújalos encima de la cabeza del personaje.

Finaliza el dibujo agregando algunos sombreados en las áreas donde debería haber sombras, generalmente están en los pliegues de la ropa y alrededor de los bordes de la cara y los brazos.

¡Y tu estas listo

DIBUJAR PERSONAJES CON FONDO MÍNIMO

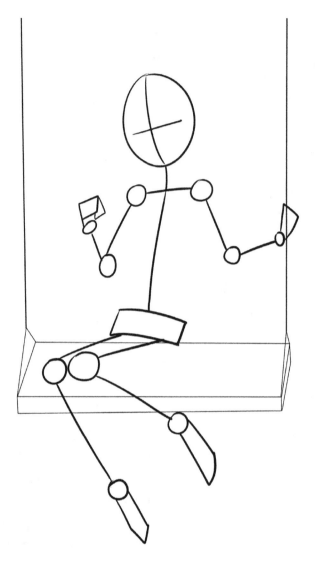

Para dibujar personajes con un fondo mínimo, es importante pensar en el ambiente o la sensación general del dibujo. Al igual que incorporar expresiones específicas, poses y ropa para tu personaje, el ambiente también se sumará a la personalidad del personaje.

En este ejemplo, dibujaremos un ambiente pacífico agregando un fondo simple y, por supuesto, un diseño de personaje que coincida con él.

Siempre comienza con la plataforma en la que el personaje estaría sentado y el marco del personaje.

Al igual que los otros tutoriales, proceda a dibujar la cabeza del personaje que incluye la cara, los ojos, la nariz, las cejas, la boca y el cabello. Como siempre, incorpore la personalidad y ahora piense en el ambiente del dibujo.

Dado que queremos lograr una ilustración pacífica, dibujar el personaje con una expresión serena se adaptará bien al ambiente. Tener el ceño fruncido del personaje contradirá la sensación del dibujo y el personaje se verá fuera de lugar.

El siguiente paso es dibujar la ropa del personaje.

El personaje está sentado y la ropa está suelta, y como se trata de una bata, el volumen de la tela es mayor en comparación con las prendas casuales. En este caso, los pliegues de la bata son mas visibles y parecen fluir especialmente desde las rodillas ya que la tela estaría "colgando" por esa área.

Agregue detalles adicionales que ayudarán a que el personaje se vea apropiado para el ambiente que eligió. Como queremos tener un dibujo de aspecto pacífico, un par de alas de ángel y halo completarían el aspecto del personaje.

La última parte sería agregar los detalles de fondo. Los detalles simples pueden agregar un gran impacto al dibujo.

En este ejemplo, el columpio estaría colgando de un árbol, y es por eso que algunas partes del árbol se pueden dibujar, así como algunas hojas que caen.

Observe cómo pequeños detalles le dieron a la ilustración una mejor sensación. También hizo que el dibujo se viera más vivo.

¡Y ahora el dibujo está hecho El ambiente de un dibujo se puede definir fácilmente con la pose, la expresión y los mínimos detalles de fondo del personaje.

Al dibujar otros temas, es importante pensar en qué sentimiento estás buscando. ¿Te gustaría que el dibujo fuera romántico? ¿De miedo? O incluso triste? Si ya está configurado con el ambiente que desea, los detalles adicionales serán más fáciles.

TROPA DE PERSONAJES DE MANGA: CHICA MÁGICA

Uno de los tropos de personajes de manga más comunes es la chica mágica. Por lo general, a las jóvenes se les otorgan poderes mágicos para luchar contra el mal y proteger a las personas, los temas comunes que están presentes son la amistad y el amor juvenil.

Las chicas mágicas generalmente pelean en un conjunto. El grupo de chicas mágicas tendría un tema en el que a cada miembro se le asignaría una identidad particular. Por ejemplo, un grupo tendría poderes elementales, por lo que uno tendría poderes de agua, los otros aire, tierra de fuego, etc.

Dibujar chicas mágicas seguiría las reglas básicas para dibujar personajes. Comenzando con una pose que define su personalidad, seguida de las características fundamentales como la cara y el cuerpo, la ropa y el peinado.

El punto clave en el dibujo de chicas mágicas es mostrar su juventud y enfatizar qué tema has elegido para ellas. Como en el ejemplo anterior, su tema es pesado en flores y cintas. Puede tener varios temas para su personaje de niña mágica, ¡pero asegúrese de mostrarlo a través de su ropa y accesorios

TROPAS DE CARÁCTER MANGA
SIRVIENTA

Otro tropo de personaje de manga común es la criada (mayordomo si el personaje es masculino). Las criadas suelen servir a sus amos diligentemente.

La "característica" más reconocible de los personajes de mucama serían sus atuendos poco prácticos, ya que en el manga, casi los personajes suelen ser muy exagerados; los trajes de mucama son prendas de mal gusto en donde los vestidos y delantales están decorados con volantes y cordones. Esto se usa a menudo para mostrar la riqueza y los gustos de los maestros a los que sirven.

Las criadas de dibujo seguirían las reglas básicas para dibujar personajes. Comenzando con una pose que define su personalidad, seguida de las características fundamentales como la cara y el cuerpo, la ropa y el peinado.

El punto clave en el dibujo de las criadas es dibujar su uniforme en consecuencia. Las criadas suelen usar un vestido debajo de sus delantales. El estilo y el diseño varían y dependerán de sus preferencias. ¡Puede hacerlo tan simple como pueda ser o con volantes como el ejemplo anterior Los mayordomos suelen usar trajes a medida para combinar con las criadas.

TROPAS DE CARÁCTER MANGA:
NINJA

Un tropo de personaje de manga común es el ninja. Los ninjas son agentes entrenados que estuvieron presentes ya en el siglo XV en Japón. Los ninjas son guerreros que sirven a sus amos para diversas actividades que incluyen espionaje, engaño y asesinato.

Se sabe que los ninjas son rápidos y mortales. Fueron entrenados para no hacer ningún sonido durante las misiones y para lograr sus objetivos sin importar qué. También son famosos por su capacidad de camuflaje y disfraces.

Dibujar ninjas seguiría las reglas básicas para dibujar personajes. Comenzando con una pose que define su personalidad, seguida de las características fundamentales como la cara y el cuerpo, la ropa y el peinado.

El punto clave en el dibujo de ninjas es mostrar bien sus atuendos. En el ejemplo anterior, el atuendo ninja ya se modificó de acuerdo con las preferencias personales, pero los atuendos ninja tradicionales generalmente son completamente negros y ocultan la cabeza y la mitad de la cara.

Siempre puedes consultar referencias para ver cómo se ven los trajes ninja tradicionales, pero siempre se pueden agregar variaciones. También llevan varias armas para sus misiones, como por ejemplo dardos, katana, púas y veneno.

TROPAS DE CARÁCTER MANGA: PIRATA

Un tropo de personaje de manga común es el pirata. Los piratas son personajes populares entre varias formas de medios, incluido el manga. Tienen los mismos estereotipos como piratas de televisores y películas, duros e ingeniosos. Navegan los océanos en busca de los tesoros más valiosos en tierra y mar.

Los piratas en el manga se retratan de manera similar a los piratas en otros medios, sus diseños generalmente incluyen parches en los ojos, tricornes (sombreros), abrigos, botas y alguna forma de armamento.

Dibujar piratas seguiría las reglas básicas para dibujar personajes. Comenzando con una pose que define su personalidad, seguida de las características fundamentales como la cara y el cuerpo, la ropa y el peinado.

El punto clave en el dibujo de piratas es dibujar sus atuendos con precisión. Por lo general, se ve que los piratas llevan parches en los ojos, botas altas y abrigos. También llevan joyas (¡de sus botines) Y armas para luchar (generalmente espadas o pistolas).

DIBUJO DE DOS PERSONAJES

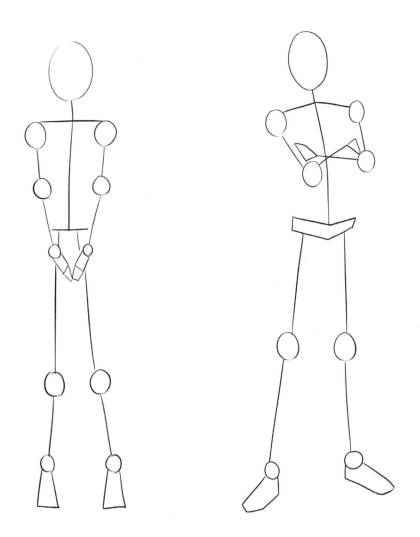

Dibujar dos personajes es bastante fácil. Al igual que los primeros tutoriales de dibujo, generalmente comenzamos dibujando los marcos del cuerpo. Pero, una cosa importante para recordar al dibujar múltiples cuerpos es pensar en cualquier diferencia entre ellos.

Digamos, por ejemplo, que el otro es un personaje femenino y el otro es masculino, se espera que el personaje femenino sea más corto y más delgado en comparación con el otro.

Esto también incluye su altura; debe tomar nota si hay alguna diferencia de altura entre los dos caracteres que va a dibujar. Finalmente, siempre asegúrese de observar la proporción, incluso si hay diferencias entre los dos caracteres.

VS

Es más fácil dibujar cuando los personajes están de pie uno al lado del otro. Pero es una historia diferente si los personajes interactúan estrechamente entre sí.

Cuando los personajes están parados uno cerca del otro, puede dibujar cualquiera de ellos primero, pero digamos, por ejemplo, que están en una pose más dinámica y complicada como en el ejemplo anterior, el proceso de dibujo puede ser un poco diferente de una pose estándar .

En el ejemplo anterior, un personaje es sostenido por el otro. Incluso si la pose es dinámica, siempre aplique las proporciones adecuadas para ambos. También es inteligente comenzar con el personaje que sostiene al otro, ya que será como la "base" del otro personaje.

Varias poses tendrán una técnica diferente de que personaje dibujar primero. Piensa en lo que facilitará el proceso.

Los siguientes pasos serían dibujar el primer personaje. Primero dibuja la cabeza y sus rasgos faciales, luego la ropa y el resto de las partes del cuerpo. Recuerda que habría otro personaje que se dibujaría a su lado, así que asegúrate de dejar algunos espacios para el otro personaje.

También es importante tener en cuenta cómo harás que los personajes parezcan que están interactuando entre sí. Una cosa a considerar es su contacto visual y sus expresiones faciales.

Dibuja el segundo personaje con los mismos pasos desde la cabeza y los rasgos faciales hasta la ropa y las partes del cuerpo. Recuerda hacer que los dos personajes interactúen.

En este ejemplo, incluso si no se miran entre sí, puede decir qué emociones tienen los dos. El que sostiene al otro tiene una expresión cansada, mientras que el que está siendo retenido es alegre y no se da cuenta de la preocupación del otro.

¡Y ahora has terminado Al dibujar varios personajes juntos, es importante mostrar su interacción si los dibuja en poses dinámicas. ¡Las expresiones simples y la forma en que se plantean ya pueden contar una historia entre tus personajes

Como en este ejemplo, se puede decir que la niña detenida es alguien alegre y despreocupada, mientras que el tipo que la carga está un poco preocupado o preocupado. ¡Incluso puedes pensar que son como amigos cercanos o incluso algo más

¡Dibujar personajes en varios escenarios puede ayudar a mostrar sus personalidades, relaciones e incluso sus historias

PERSONAJES ENMARCADORES

"EL MARCO"

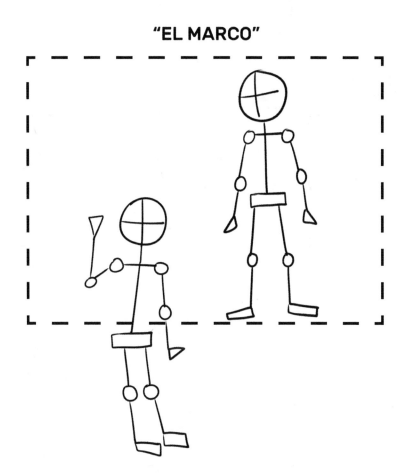

El enmarcado es una técnica de diversas formas de arte en la que solo se ven sujetos específicos dentro de un "marco". Cuando los sujetos están enmarcados, hay un "bloqueo", en el que el sujeto más cercano en la perspectiva del espectador bloquea algunas partes de los objetos detrás. Esta técnica se utiliza para crear foco y dimensión en una obra de arte, ya sea ilustración o fotografía.

El encuadre también se usa con frecuencia al dibujar manga, además de centrarse en personajes o temas específicos, también da vida al dibujo en el sentido de que los sujetos están organizados en una forma compuesta.

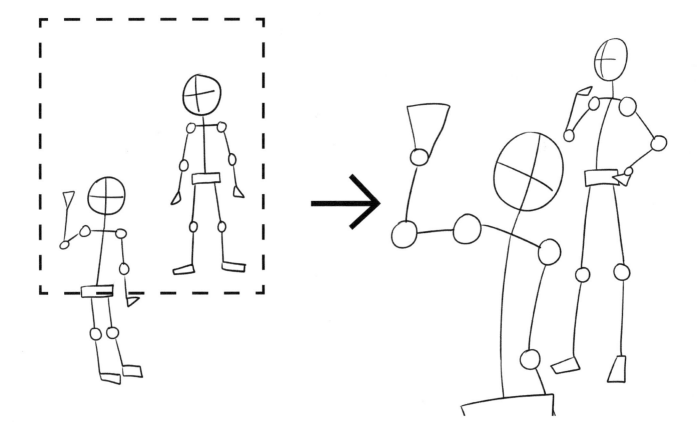

Al enmarcar los personajes, comienzas por pensar qué personaje quieres poner "al frente" o el más cercano a tu perspectiva.

En el ejemplo anterior, podemos ver que uno de los personajes se dibuja como el foco principal, mientras que otro está en el fondo como sujeto de apoyo. Piense en ello como tomar una foto, una persona puede estar más cerca de la cámara mientras que otras pueden estar más lejos.

Ahora que los marcos de los personajes están posicionados, ¡podemos comenzar a dibujar los personajes mismos Al igual que el tutorial para dibujar varios caracteres, sería más fácil dibujar primero un carácter completo en lugar de cambiar entre ellos.

En este ejemplo, puede hacer que dibujar sea más fácil dibujar el personaje en foco y luego proceder al personaje en el fondo.

Dibuja el primer personaje comenzando con la cabeza, los rasgos faciales, la ropa y las partes del cuerpo. Dibujar el personaje en foco facilitará más adelante ya que el personaje más cercano estaría bloqueando algunas o la mayoría de las características de los personajes de fondo dependiendo de sus poses.

En el ejemplo, el personaje en foco bloqueará alguna parte de la ropa del personaje de fondo y las partes del brazo.

Continúe con las características del personaje de fondo también. Tenga en cuenta sus expresiones faciales y poses. Incluso si los personajes no interactúan directamente, la ilustración debe sentirse unificada.

¡Y ahora has terminado Puede usar esta técnica para crear más dimensiones y hacer que la ilustración sea más viva. ¡También puedes hacer variaciones con las poses, la cantidad de caracteres dentro del marco e incluso el ángulo para crear dibujos más vivos

En el ejemplo anterior, el sujeto enfocado está saludando al frente, sus ojos están mirando hacia adelante. El personaje de fondo también mira hacia adelante como si ambos personajes estuvieran mirando la misma cosa o persona.

DIBUJAR PERSONAJES EN ARTÍCULOS

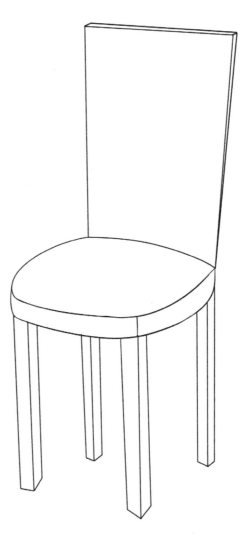

En este tutorial, dibujaremos un personaje con un objeto, pero en lugar de sostenerlo, el personaje estará sobre él. Por lo general, los personajes estarían sentados, acostados, sobre algo como una silla o mesa, o cualquier plataforma.

Al igual que el tutorial con la celebración de objetos, sería más fácil comenzar a dibujar el objeto antes que el propio personaje. Para este ejemplo, dibujaremos un personaje sentado en una silla.

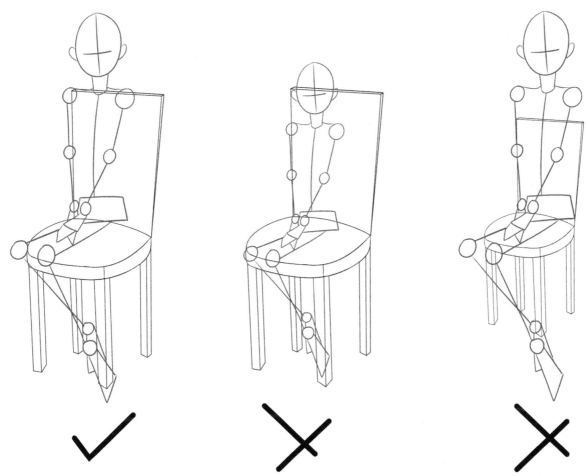

El siguiente paso será dibujar el marco del cuerpo en la silla. ¡Ya que dibujamos la silla primero, será más fácil dibujar el cuerpo del personaje que coincida con el tamaño de la silla Tenga en cuenta que el cuerpo es demasiado pequeño o demasiado grande para el objeto.

Continúa dibujando el personaje agregando los rasgos faciales como los ojos, la nariz, la boca, las cejas e incluso el cabello.

Recuerda siempre incorporar la expresión deseada y la personalidad del personaje en sus rasgos faciales.

El siguiente paso es dibujar la ropa del personaje.

Como el personaje está sentado, trate de imaginar cómo se verán los pliegues de la ropa. Dependiendo de la ropa que use el personaje, algunos tendrán más pliegues que otros. En este ejemplo, el personaje lleva una falda corta y plisada, por eso los pliegues son muy visibles. Si el personaje lleva algo muy ajustado, entonces debe seguirse que hay menos pliegues.

¡Y ahora el personaje está listo Tome nota de cómo la proporción del personaje es proporcional al tamaño de la silla.

Se aplican las mismas reglas si el objeto sobre el que el personaje es una cama o un banco, asegúrese de que el tamaño de la plataforma se adapte al tamaño del personaje, a menos que esté dibujando una silla o cama realmente grande, luego, por supuesto, hágalo más grande que el personaje

DIBUJAR PERSONAJES CON ARTÍCULOS

Comienza por pensar que objeto quieres que sostenga tu personaje, puede ser cualquier cosa como objetos de la casa, armas o comida.

En este ejemplo, usaremos una espada ya que el personaje es un príncipe. Sería inteligente buscar diferentes tipos y diseños de objetos como armas.

El siguiente paso será dibujar el marco del cuerpo que mostrará la pose deseada.

Dado que el personaje estaría sosteniendo un elemento específico, asegúrese de tener las manos posicionadas en consecuencia. En este ejemplo, el personaje estaría sosteniendo la espada en una mano en una pose informal y relajada. Continúa dibujando el personaje agregando los rasgos faciales como los ojos, la nariz, la boca, las cejas e incluso el cabello.

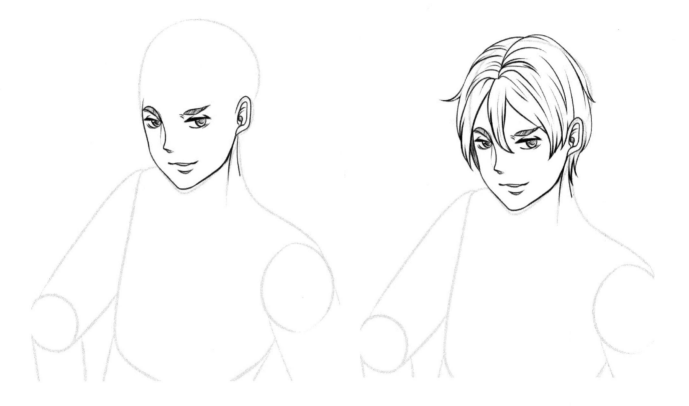

Continúa dibujando el personaje agregando los rasgos faciales como los ojos, la nariz, la boca, las cejas e incluso el cabello.

Recuerde siempre incorporar la expresión deseada y la personalidad del personaje en sus rasgos faciales.

El siguiente paso es dibujar la ropa del personaje. Como en este ejemplo, estamos dibujando un príncipe influenciado por la cultura occidental, dibujaremos su elegante traje con botas a juego.

Dibuja el objeto a ser sostenido por el personaje. Una cosa importante para recordar al dibujar objetos es asegurarse de que el tamaño del objeto sea proporcional al personaje.

Ten en cuenta la relación del objeto con el tamaño de tu personaje. En este ejemplo, el personaje es un hombre adulto, es por eso que la espada que sostiene es perfecta para él.

Si el personaje hubiera sido más corto, entonces la espada debería ser más pequeña para que coincida con el tamaño del personaje.

PALABRAS DE CLAUSURA

Dibujar manga nunca es fácil, como cualquier otro estilo de ilustración; Se necesita práctica y motivación consistentes para mejorar aún más. hacer mejores ilustraciones es generalmente la combinación de sus propias preferencias en términos de definición de personajes y los principios más básicos en el dibujo de figuras.

Pero al mismo tiempo, ¡nunca tengas miedo de cometer errores en tu dibujo! Siempre termine las ilustraciones que ha comenzado, y no se rinda a la mitad cuando note que algo anda mal, ya que será más fácil saber en qué partes mejorar si puede ver la imagen completa. Evaluar los errores en su dibujo significa que debe revisar todas las cosas que ha aprendido antes; desde las proporciones del cuerpo y la cara, las formas e incluso los detalles. Después de conocer sus errores, tenga tiempo para volver a dibujar su ilustración y tenga en cuenta las cosas que cree que se necesitan para mejorar.

¡Siempre tenga en cuenta que ser bueno en algo no sucede de la noche a la mañana! en lugar de pre-sionarse para crear algo que sea perfecto, concéntrese en las partes en las que es bueno y mejore las partes en las que es malo.

¿Eres bueno dibujando cabello? ¡Eso es bueno ¡Explore más materiales e inspiración para tener una amplia variación en sus dibujos ¿No es muy bueno dibujando ropa? ¡Esta bien ¡Tómese un tiempo para navegar por sus revistas de moda favoritas e Internet para tener algunas referencias realmente buenas

¡Necesitar referencias al dibujar no es algo de lo que avergonzarse después de todo ¡Recuerde que incluso los mejores pintores solían observar bodegones en sus obras de arte

¡Dibujar manga es divertido ¡No dejes que nada te lo estropee, porque mientras sigas dibujando, eres bueno el arte es un reflejo de ti mismo y de tus aprendizajes, ¡así que toma ese bolígrafo y papel y dibuja manga

★ ★ ★ ★ ★

Gracias por obtener nuestro libro

Si te gusta usarlo y lo encuentras útil en tu viaje de aprender
a dibujar, Agradeceríamos mucho tu opinión en Amazon.

Simplemente dirígete a la página de Amazon de este libro y
haz clic en "Escribe tu reseña".

Leemos todas las opiniones y cada uno de ellas.. Gracias

★ ★ ★ ★ ★

CPSIA information can be obtained
at www.ICGtesting.com
Printed in the USA
LVHW101452230820
663949LV00019B/262